U0115461

《悲華經》釋迦佛五百大願解析

（全彩版）

果濱 編撰

自序

　　本書名為《《悲華經》釋迦佛五百大願解析(全彩版)》乃從筆者的《《悲華經》兩種譯本比對暨研究(全彩版)》中獨立節錄而出版。

　　釋迦佛往昔曾作寶海梵志,為了度眾生而發下五百個大誓願,其主要救渡的對象是十方世界具有「劣根性」的眾生,這包括了只願學、只願當「二乘」的眾生,還有廣造「五逆重罪」及「毀謗正法、毀謗聖者」的眾生。在《無量壽經》中都明確的說「五逆重罪」與「毀謗正法」者是不能獲得阿彌陀佛接引救度的,因為阿彌陀佛接引眾生的本願是:

魏・康僧鎧譯《佛說無量壽經・卷下》云:

諸有眾生,聞其名號,信心歡喜,乃至「一念」,至心迴向,願生彼國(極樂世界),即得往生,住「不退轉」。唯除「五逆」,誹謗「正法」。

(詳《佛說無量壽經》卷 2。CBETA, T12, no. 360, p. 272, b)

《無量壽經》的同本異譯,唐・菩提流志譯《大寶積經・卷十七・無量壽如來會》)則云:

他方佛國所有眾生,聞無量壽如來名號,乃至能發一念「淨信」,歡喜愛樂,所有「善根迴向」,願生無量壽國(極樂世界)者,隨願皆生,得「不退轉」,乃至「無上正等菩提」,除「五無間」,誹毀「正法」,及謗「聖者」。

(詳《大寶積經》卷 18。CBETA, T11, no. 310, p. 97, c)

但在《佛說觀無量壽佛經》中則又說阿彌陀佛可接引「五逆、十惡」的眾生，如云：

> 或有眾生：作「不善業」，「五逆、十惡」，具諸不善。
> 如此愚人，以(種種)「惡業」故，應墮「惡道」(此指阿鼻無間地獄)，經歷多劫，受苦無窮。如此愚人，臨命終時，(得)遇「善知識」，(以)種種「安慰」，為(行者)說「妙法」，教令(行者)「念佛」。彼人(因受)「苦逼」，不遑(因為太痛苦，所以沒有閒暇)念佛(此指「憶佛、觀佛」的一種修法)。
> 善友告言：汝若不能念彼佛者(此指「憶佛、觀佛」的一種修法)，應稱：歸命無量壽佛(此指「持名念佛」)。如是至心令聲不絕，具足十念(此指「持名念佛」)，稱：南無阿彌陀佛。(若能)稱佛名故(此指「持名念佛」)，於念念中，(定)除「八十億劫」生死之罪。
> (此行者便於)命終之時，見「金蓮花」，猶如「日輪」，住其人前。(於是)如「一念頃」，(行者)即得往生極樂世界。
>
> （詳《佛說觀無量壽佛經》卷 1。CBETA, T12, no. 365, p. 346, a）

然而所有「五逆重罪、毀謗正法、毀謗聖者」這三類的眾生，都是被釋迦佛所「接受」度化的對像，這都包含在寶海梵志所發下的「五百大誓願」裡面，但在漢譯《悲華經》與另一譯本《大乘悲分陀利經》中都沒有「五百大誓願」明確「足數」的內容存在。

前人日本學者成田貞寬曾作〈高山所藏『釋迦如來五百大願經』の研究〉一文，近人洞山法師則借助了成田貞寬的文章，並加以整理及說明成為《釋迦如來五百大願》(由中華印經協會印製出書，並無 ISBN 註冊的結緣書，於 2014 年 1 月出版，收錄在《悲華經》五百大願、《釋迦牟尼佛五百大願(經文節錄)》一書中的 p63~250)。

另外在《悲華經》五百大願、《釋迦牟尼佛五百大願(經文節錄)》一書中的 p251~291 還有收錄由全知麥彭仁波切編撰的《釋迦牟尼佛五百大願》，這份資料主要是從全知麥彭《釋迦牟尼佛廣

傳・白蓮花論》(藏文古籍出版社。500 頁。2012/10/01 出版。ISBN：9787805892337)
一書中抽錄出來的。

以上三種近人的著作內容都無法詳述《悲華經》中釋迦佛五百
大願「足數」的內容，或許「五百大願」只是一種「譬喻」詞而已，是
形容數量很多而已，也可能是經文內容曾有過「逸失」造成，但這
對於想要得到「五百足數」的四眾弟子們來說，未免有一點「遺珠之
憾」。

有鑑於此，於是筆者想重新「整理」這「五百大願」，讓每個一願
文都有所「依據」的佛經為准。釋迦佛雖然自己發下「五百大願」，願
留在「五濁惡世」中成佛，但釋迦佛一生所講的「法教經義」，有 1/3
以上都叫人應求生他方「淨土」，斷「生死」輪迴，然後再「發願」到
十方廣度眾生(請參考本書「五、釋迦佛直接或間接介紹西方彌陀佛淨土經典約有
270 餘部之多」的內容)。

關於這點，龍樹菩薩的《大智度論》有詳細回答這個問題，如
云：

問曰：菩薩法「應度眾生」，何以但至清淨無量壽佛世界(極樂世界)
中？
答曰：菩薩有二種。
　　　一者(第一種菩薩)：有慈悲心，多為眾生。
　　　二者(第二種菩薩)：多集諸佛功德。
(第二種菩薩)樂「多集諸佛功德」者，(則必往生)至「一乘」清淨無量壽世
　　界(極樂世界)。
(第一種菩薩)好「多為眾生」者，(則改)至「無佛法」眾處，(於此「無佛法處」
　　去)讚歎三寶之音，**如後章說**(即詳見《摩訶般若波羅蜜經・卷二》中所
　　說)。
(詳《大智度論》卷38〈往生品 4〉。CBETA, T25, no. 1509, p. 342, a)

可見如果想要多集聚「諸佛功德」的人，就一定發願前往西方
極樂世界去成佛，這種人當然也是「菩薩」的；而另一種「菩薩」則
發願改到「無佛法的地方」去讚歎三寶與度化眾生。所以如果您此
生此世只想追求去西方極樂世界「作佛」的修行者，確定是位修學
「大乘菩薩道者」而無庸置疑的。明末四大師之一兼淨土宗第九代
祖師蕅益 智旭大師也明確的說：

> 釋尊雖「自取穢土」，仍勸「穢土」眾生，求生極樂，苦口叮嚀，
> 不一而足。
> 吾輩信(釋迦佛之)「大悲」語，即同「大悲心」，(必須先求)生極樂(世界)已，
> 方可(再發願而)速入「不淨」世界；於「不淨」人中，(能)說種種法，
> (能)數彰 示(種種)「生滅」(現象)，(方)為第一(之)「精進」菩薩。
>
> （詳《靈峰蕅益大師宗論》卷 6。CBETA, J36, no. B348, p. 363, b)

也就是我們凡夫聽聞佛法後，若能生起「無上成佛」的道心，
便能永不斷絕於「三寶」，能「知恩報答」三寶之「佛恩」。但如果只是
修學「二乘」者，加上不發「無上成佛」的道心，則他們將永遠不能
「真實」的「報答佛恩」。這在《說無垢稱經》中也有清楚的說明，如
云：

> 如是「漏盡」諸阿羅漢，(已於)諸結(煩惱)永斷，即於(大乘成佛之)佛法
> 「無所能為」，不復志求「諸佛妙法」。是故「異生」(凡夫)能報佛恩，
> 「聲聞、獨覺」終不能報。所以者何？「異生」(凡夫)聞「佛法僧」
> 功德，為三寶種，終無斷絕，能發「無上正等覺心」，(終)漸能成
> 辦一切(大乘成佛之)佛法。
>
> （詳《說無垢稱經》卷 4〈菩提分品 8〉。CBETA, T14, no. 476, p. 576, a)

所以要「真實畢竟」的「報答佛恩」，唯有發「無上成佛」的道心，
這心也就是「阿耨多羅三藐三菩提心」，如《佛說諸法勇王經》云：

舍利弗！ 以是故，善男子、善女人，欲得無上「畢報」(畢竟報答)施恩(如來法語之施恩)，應發「阿耨多羅三藐三菩提心」。

（詳《佛說諸法勇王經》卷 1。CBETA, T17, no. 822, p. 849, b）

《大方便佛報恩經》亦云：

報佛恩者，應當速發「阿耨多羅三藐三菩提心」。

（詳《大方便佛報恩經》卷 5〈慈品 7〉。(CBETA, T03, no. 156, p. 150, c)

既然明確的知道要發「無上成佛」的道心才能報佛恩，而「無上成佛道心」就是要發願「作佛」，發願「作佛」的方式就是發願到「西方作佛」，如龍樹菩薩《十住毘婆沙論》云：

若人「願作佛」，心念阿彌陀。

（詳《十住毘婆沙論》卷 5，CBETA, T26, no. 1521, p. 43, b10）

世親菩薩造、菩提流支譯、曇鸞註的《無量壽經優婆提舍願生偈註》亦明確的說：

此「無上菩提心」，即是「願作佛心」；
「願作佛心」即是「度眾生心」；
「度眾生心」即「攝取眾生」生「有佛國土心」。
是故「願生」彼安樂淨土(極樂世界)者，要發「無上菩提心」也。

（詳《無量壽經優婆提舍願生偈註》卷 2。CBETA, T40, no. 1819, p. 842, a）

所以如果我們對釋迦佛為眾生所發的「五百大願」感動而淚下，那就要發「無上成佛道心」才能報答釋迦「五百大願」的「佛恩」，而要報答佛恩的唯一方式就是要發願到「西方作佛」。

因為釋迦佛在「五百大願」中一再的重複：

於十劫中願代眾生入阿鼻受諸苦痛願-(第 15 願)

十方五逆重罪墮阿鼻獄者願代眾生入阿鼻受諸苦痛願-(第 417 願)

十方重罪墮阿鼻獄者願代眾生入阿鼻受苦並久處阿鼻願-(第 423 願)

十方墮阿鼻獄者願代受苦惱如眾生生前所受之五陰果報願-(第 447 願)

釋迦佛對眾生的「大悲願心」竟到如此「不可思議」的地步，如果我們不立刻發願「西方作佛」；而繼續選擇「三界輪迴」的話，如何能對得起釋迦佛的「五百大願」呢？又如何能有「真實」報答佛恩的一天呢？

如果您對筆者所整理的 **《《悲華經》釋迦佛五百大願解析》** 內容很感動很法喜的話，也歡迎大量流通本書，並祈「釋迦五百大願」的「正法」能永住世間。

公元 2019 年 8 月 18　果濱序於土城楞嚴齋

目錄及頁碼

自序

□□本書名為《《悲華經》釋迦佛五百大願解析（全彩版）》乃從筆者的《《悲華經》兩種譯本比對暨研究（全彩版）》中獨立節錄而出

一、《悲華經》的簡介

《悲華經》共十卷，為北涼・曇無讖(Dharma-rakṣa 385～433)所譯，計有十萬字經文。另有一個失譯人譯的**《大乘悲分陀利經》**共八卷。根據《開元釋教錄》記載(《開元釋教錄》卷 4(大正 55,p519,b)；後人對竺法護與道龔之譯本亦持有不同之見解)：《悲華經》在漢譯中有四個譯本，即：

一、西晉・竺法護譯**《閑居經》**一卷。
二、**《大乘悲分陀利經》**（秦代譯者失佚）。
三、北涼・道龔譯**《悲華經》**十卷。
四、曇無讖(Dharma-rakṣa 385～433)譯**《悲華經》**十卷。

但目前僅存有《大乘悲分陀利經》及曇無讖譯的《悲華經》而已。藏譯本由印度僧侶勝友(Jinamitra)、天主覺(Surendra-bodhi)、智慧鎧(Prajñā-varman)，及西藏翻譯官智慧軍(藏 Ye-śes-sde)共譯而成，分為 15 卷 5 品。梵文版則於 1898 年，由印度佛教學者達斯(Das, Bahu Sarat Chandra)發表了梵文本，分為五品：「轉法輪、陀羅尼、棄施、菩薩授記、布施」等五品。

「**悲華**」即指「慈悲的分陀利華」，「分陀利」或「芬陀利」(puṇḍarīka)是指「白蓮華」的意思，喻指釋迦牟尼佛發大「菩提心」，「慈悲」攝受十方一切眾生，願意選擇在「五濁惡世成佛」，並發起諸佛所無的精進「五百大願」。《悲華經》與《增壹阿含經》、《無量壽經》、《阿閦佛國經》、《法華經》……等都有密切的關係。本經主要說明釋迦佛、阿彌陀佛、觀世音菩薩、大勢至、文殊菩薩、普賢菩薩等之「本生」故事，並以對照方式敘述了「淨土成佛」與「穢土成佛」之不同思想，尤其特別稱揚釋迦佛發願要進入「穢土成佛」的大悲心。明末四大師之一兼淨土宗第九代祖師蕅益 智旭大師也曾廣弘此《悲華經》。

本經共有六品，如「轉法輪品、陀羅尼品、大施品、諸菩薩本受記品、檀波羅蜜品、入定三昧門品」。簡略介紹如下：

第一《轉法輪品》記載佛在王舍城 耆闍崛山。與大比丘僧六萬二千人俱。菩薩有四百四十萬，及梵天六欲天等。當時彌勒等為上首菩薩，有一萬菩薩向東南方稱讚蓮華尊佛的功德。於是寶日光明菩薩問佛陀有關蓮華尊佛之「成佛時間、國土、世界、莊嚴、神通」等問題。佛回答其故，謂蓮華尊佛於「昨夜」初成「無上正等正覺」，並作大佛事。

第二《陀羅尼品》說彼蓮華世界相貌，及說過去日月尊佛授現佛記，授與「**解了一切陀羅尼**」門。說此事已，十方菩薩同來耆闍崛山，聽受佛陀宣講「**解了一切陀羅尼**」，總計有十大段的咒語內容，佔了不少的篇幅。釋迦佛還跟解脫怨憎菩薩說，修咒語者，具要具備有「四、五、六」種輔助之法，而且連續「七年」皆如此修行，專意讀誦如是咒語，即可獲得「解了一切陀羅尼」之成就。彌勒菩薩自言，於十恒沙劫前，已從娑羅王如來處得聞得修此「**解了一切陀羅尼**」咒法，彌勒以本願故，久在生死，需「待時」方成道，求佛「授職」。佛為說諸「咒語章句」，令眾獲益。佛又入「遍一切功德三昧」，度「三惡道」眾生令生「天人」，為諸天人示宿世因緣。

第三《大施品》就寂意菩薩問釋迦佛出此五濁惡世的因緣，佛陀詳述恒沙「阿僧祇」劫的前生故事，如說過去有世界名刪提嵐，於善持劫中，有佛陀號曰寶藏如來，有轉輪聖王名為無諍念，有大臣名為寶海，又稱作寶海梵志，當時的無諍念轉輪聖王及「千子」與諸小王等，皆悉供養寶藏如來，但仍未發「阿耨菩提」的「成佛大心」。後來寶海想知道無諍念轉輪聖王「所願」何等？唯願諸「龍、夜叉、佛、聲聞、梵王」等，能為我「示現夢境」。於是寶海梵志便在夢中見無諍念王受「畜生」諸事，醒後得知無諍念王所願「卑下」，竟愛樂「生死」，貪著「世樂」。寶海便以此「異夢」去問寶藏佛，後來寶海就勸彼諸人皆發無上的「成佛大心」，誓願成佛，然後各取「清淨莊嚴國土」去攝護眾生。

第四《諸菩薩本授記品》<u>無諍念聖王</u>所發之「莊嚴清淨佛土」約有 40 願。

<u>寶藏</u>如來授<u>無諍念</u>轉輪王「阿耨多羅三藐三菩」記，將來成佛，即現在西方<u>極樂</u>世界中的<u>無量壽佛</u>，世界名<u>安樂</u>(極樂世界)。

<u>寶藏</u>如來授<u>無諍念</u>轉輪聖王的

第一王子<u>不眴</u>，即將來要接掌<u>極樂</u>世界的<u>觀世音</u>菩薩。

第二王子尼摩，即將來要接掌極樂世界(在觀世音菩薩之後)的<u>大勢至</u>菩薩。

第三王子<u>王眾</u>，即<u>文殊</u>菩薩。

第四王子<u>能伽奴</u>，即<u>普賢佛</u>(無諍念王之第八王子<u>泯圖</u>，亦號為<u>普賢</u>同名)。

第五王子<u>無所畏</u>，即今已成無上正等正覺的<u>蓮華尊</u>佛。

第六王子<u>虛空</u>，即<u>法自在豐王</u>佛。

第七王子<u>善臂</u>，即<u>光明無垢堅香豐王</u>佛。

第八王子<u>泯圖</u>，即<u>普賢</u>菩薩。

<u>寶藏</u>如來次授「十千」位「懈怠之人」記。

第九王子<u>蜜蘇</u>，即<u>阿閦</u>佛。

第十王子<u>軟心</u>，即<u>香手</u>菩薩。

第十一王子<u>師子</u>，即<u>寶相</u>菩薩。

又授「五百王子」記。

又授「四百王子」記。

又授「八十九王子」記。

又授「八萬四千小王」記。

又授<u>寶海</u>之「八十子」記。

又授<u>寶海</u>「三億弟子」記，「千位」童子記，「侍者五人」記。

最後<u>寶海</u>發下「五百大悲願」，諸菩薩等皆悉讚歎，東西南北及於上下六方諸佛，送華讚歎，稱歎<u>寶海</u>為<u>大悲</u>菩薩，<u>寶藏</u>如來為<u>寶海</u>摩頂授記，當來成佛，即<u>釋迦牟尼</u>佛。

<u>寶藏</u>如來說菩薩有「四法懈怠」與「四法精進」。

菩薩有四法「懈怠」：

一、發願取「淨」世界。

二、發願於「淨眾」中作「佛事」。

三、發願成佛但不說「聲聞、辟支」法。

四、發願「成佛」，及壽命無量。

有四種「精進」：

一、發願取「不淨」世界。

二、願於「不淨人」中作「佛事」。

三、願成佛亦說「三乘法」。

四、願成佛但只得「中壽」。

如來宣說種種能於「菩提道」上能「助益、增益」的法門，計有 28 條的「攝取助清淨度生死法門」(總集淨德度生死法門)

第五《檀波羅蜜品》寶藏如來將為大悲菩薩宣說「諸三昧門助菩提法清淨門經」。佛陀總共介紹有 112 種「修學大乘菩薩摩訶薩諸三昧門」。大悲比丘命終後又作了許多不同的轉世身分，有強力旃陀羅，功德力王、難沮壞王、燈光明王、須香婆羅門、虛空淨王、示現寶藏大龍王、善日光明帝釋等，都不斷的在修「布施」等六度萬行。

第六《入定三昧門品》十方世界微塵諸佛，其有「般涅槃」者，往昔皆經由釋迦佛所勸教度化，未來若有成佛之世尊，其往昔亦是受過釋迦佛所勸教度化。時「東、南、西、東北」方有無量阿僧祇等諸大菩薩，皆來此娑婆世界，悉手持「月光明無垢淨華」，見釋迦佛，供養、恭敬、尊重、讚歎。時釋迦佛之毛孔現無量無邊的微妙「園觀」，莊嚴相皆如西方極樂世界，是諸大眾皆入佛身之毛孔，尋自覺知吾等皆已處在佛身之內。釋迦佛說完法義後，佛腹內有八十億恒河沙等諸菩薩，皆得不退轉於「阿耨菩提」。後大眾便從佛「毛孔」中出，以諸音聲讚歎佛。無畏等地菩薩問佛此經名？佛云有十種：「解了一切陀羅尼門、無量佛、大眾、授菩薩記、四無所畏出現於世、一切諸三

昧門、示現諸佛世界、猶如大海、無量、大悲蓮華」共十種經名。若有受持讀誦是《悲華經》者，能獲「甚深法忍、三昧、陀羅尼門」等共十三種無量的功德。佛最後告無怨沸宿夜叉大仙：應受持經，乃至於末後「惡世」中，應廣為「不退菩薩」眾們、及「不信善惡業報」者，演布是經教，發願流通。

　　本經中的寶海梵志及大悲菩薩皆是釋迦如來之前身，寶海即是釋迦佛於過去世「因位」修行時之名，後來寶海亦名為大悲菩薩。寶海梵志原為珊提嵐國的無諍念轉輪聖王之「大臣」，寶海梵志的兒子就是後來成佛的寶藏如來。而當時無諍念轉輪聖王下的「一千位」王子皆歸依寶藏如來，絕大部份皆發願於「淨土」成佛，唯有寶海梵志發了「五百個」大願，欲於「五濁」的娑婆世界中成佛，這「五百大願」也名為「五百廣大之本願」，或「五百誓願」，此即是釋迦牟尼佛捨棄在「淨土」中成佛，而取在「穢土」中成佛的五百大願內容。

二、近人對釋迦佛五百大願的整理研究

釋迦佛在因地時所發的五百大願，主要是出現在《悲華經》，但其實「細數」之下，要達到「五百大願」的「實數」是有困難的，但在日本京都的高山寺，有供奉著《釋迦如來五百大願經》上、下二卷，此經主要就是節錄《悲華經》裡的內容，再加以「增補」行文，使其經文順暢、條文明顯，而且達到「五百大願」的「實數」。

之前曾有日本祖師明行比丘尼用自己的「鮮血」來書寫這一部《釋迦如來五百大願經》，就如高山寺所藏的古寫本中記載，明行比丘尼於「嘉禎三年，從三月廿二日始，於舍利御前每字香華供養，一字一禮儀，刺血和墨，同五月廿六日午時許書寫畢……」(引文轉引自成田貞寬之論文：〈高山所藏『釋迦如來五百大願經』の研究〉，收錄在《佛教大學大學院研究紀要》no7,p3，京都佛教大學學會於 19790314 出版)

另外日本學者成田貞寬在他的〈高山所藏『釋迦如來五百大願經』の研究〉(詳成田貞寬著，〈高山所藏『釋迦如來五百大願經』の研究〉，收錄在《佛教大學大學院研究紀要》no7,p3，京都佛教大學學會於 19790314 出版)論文中，也把高山寺所藏的《釋迦如來五百大願經》的願文作了整理。也有學者如成松芳子認為：「五百」只是強調釋迦如來的卓越性，並非是「實數」(詳成松芳子著〈悲華經所說の生因願について─無量壽經との對照を中心に〉，收錄在《佛教研究論集》p271n2，昭和五十年十一月二十日發行，清文堂出版株式會社)。

所以目前日本學界對《悲華經》中的「釋迦五百大願」正確的「足數」仍持有不同的看法。

近人洞山法師則借助了日本學者成田貞寬的〈高山所藏『釋迦如來五百大願經』の研究〉(詳成田貞寬著〈高山所藏『釋迦如來五百大願經』の研究〉，收錄在《佛教大學大學院研究紀要》no7,p1-71，京都佛教大學學會於 19790314 出版)之研究成果，並加以整理及說明成為「釋迦如來五百大願」，後來由中華

印經協會印製出書(並無 ISBN 註冊的結緣書)，於 2014 年 1 月出版，收錄在
《悲華經》五百大願、《釋迦牟尼佛五百大願(經文節錄)》一書中的
p63~250。 該書的電子檔亦可下載， 如 http://www.sutra.org.tw/e-
lib/pdf/s1094/s1094.html。但其「第八十七願」(頁 97)可能因為出書「校對」
問題，所以漏掉了，甚為可惜。

　　　　另外在《悲華經》五百大願、《釋迦牟尼佛五百大願(經文節錄)》一
書中的 p251~291 還有收錄由全知麥彭仁波切編撰的《釋迦牟尼佛五百
大願》，這份資料主要是從全知麥彭《釋迦牟尼佛廣傳·白蓮花論》(藏
文古籍出版社。500 頁。2012/10/01 出版。ISBN：9787805892337)一書中抽錄出來
的。

　　　　《釋迦牟尼佛廣傳·白蓮花論》書中所集的釋迦佛五百大願，內容
就是釋迦牟尼佛的前世海塵菩薩(即漢傳的寶海梵志)在寶藏如來前所發下
的五百大願，這也是近年來所流行藏密版本的釋迦佛五百大願，但裡面
的內容是根據《大悲妙法白蓮經》而整理的，《大悲妙法白蓮經》在漢傳
的《大藏經》中是沒有的，因為《大悲妙法白蓮經》是西藏所譯的「經
名」，其實就是漢傳的《悲華經》或《大乘悲分陀利經》，只是內容仍有
許多差異性，因此全知麥彭仁波切編撰的《釋迦牟尼佛五百大願》裡面
也沒有「五百足數」的內容。

　　　　所以在《悲華經》五百大願、《釋迦牟尼佛五百大願(經文節錄)》一
書中的前面「目錄」中已經說明解釋為何沒有「五百足數」的這個問題，
如書所云：

　　　依照漢、藏本《悲華經》，寶海梵志(菩薩-釋迦牟尼佛過去世)所發五百
　　　大願，並不足五百條願數，原因是在古印度文化，五百表示數量很
　　　多的意思，並不是正好有五百之數。

　　　　筆者對洞山法師根據成田貞寬〈高山所藏『釋迦如來五百大願經』

の研究〉一文，再進行編製的「釋迦如來五百大願」內容，在反復研讀與整理下，發現裡面有不少內容都是「增溢」的，也就是若要完全根據《悲華經》的內容來說，這些「願文內容」是不存在的，只是被加以「延伸」的內容而已，這些增加溢出於《悲華經》內容有多少？粗略整理一下，至少有「八十三」個願以上，如下表格所製：

第 104 令發道心願	願我未來,滿菩薩行,將成佛時,厭離「世間」微妙「五欲」,(故我)夜半「出城」。(此時)諸天來集,龍神驚目,嘆未曾有。見聞眾生皆發道心,於「三乘」中,得「不退轉」。若不爾者,不取正覺。
第 132 再令眾生獲羅漢 妙果願	願我未來,成正覺已,若諸眾生一聞我名,令入菩薩地。若不爾者,不取正覺。
第 147 能滅眾生之殘業 願	願我未來,成正覺已,若諸眾生「惡業」急難,受諸苦惱,聞我名號,至心稱念,(我將)到彼苦(處之)所,攝持救護,令得解脫。若不爾者,不取正覺。
第 324 令住五神通願	願我未來,成正覺已,若有眾生欲求「神通」,我當令住「五神通」中。若不爾者,不取正覺。
第 325 宣說和伽羅經願	願我未來,成正覺已,若有眾生欲求「受記」,我當宣說「和伽羅經」(vyākaraṇa 記別;授記;和伽羅那)。若不爾者,不取正覺。
第 326 宣說阿浮陀經願	願我未來,成正覺已,若有眾生欲聞「未曾有事」,我當宣說「阿浮陀經」(adbhuta-dharma 阿浮陀達磨;希法;未曾有法)。若不爾者,不取正覺。
第 327 宣說修多羅經願	願我未來,成正覺已,若有眾生求聞「法本」,我當宣說「修多羅」(sūtra 修多羅;契經)。若不爾者,不取正覺。
第 328 宣說祇那正教願	願我未來,成正覺已,若有眾生求聞「重說」,我當宣說「祇那正教」(geya 祇夜;應頌)。若不爾者,不取正覺。
第 329 宣說伽陀正教願	願我未來,成正覺已,若有眾生求聞一遍,不樂「重說」,我當宣說「伽陀正教」(gāthā 伽陀;孤起;諷頌)。若不爾者,不取正覺。
第 330 宣說優陀那正教 願	願我未來,成正覺已,若有眾生,雖有樂聞,而「不聞義」,我為宣說「優陀那正教」(udāna 優陀那;自說)。若不爾者,不取正覺。
第 331 宣說毗尼正教願	願我未來,成正覺已,若有眾生欲求「戒律」,我為宣說「毗尼正教」。若不爾者,不取正覺。

第 332 宣說和多伽正教 願	願我未來，成正覺已，若有眾生欲聞「諸法本事」，我為宣說「和多伽正教」(itivṛttaka 伊帝曰多伽；本事)。若不爾者，不取正覺。
第 333 宣說諸譬喻經願	願我未來，成正覺已，若有眾生依「譬」得「解」，我當宣說「諸譬喻經」(avadāna 阿波陀那；譬喻)。若不爾者，不取正覺。
第 334 宣說種種因緣願	願我未來，成正覺已，若有眾生當依「因緣」得正道者，我當宣說種種「因緣」(nidāna 尼陀那；因緣)。若不爾者，不取正覺。
第 335 宣說十二頭陀願	願我未來，成正覺已，若有眾生欲求「頭陀」(dhūta)，我當宣說「十二頭陀」。若不爾者，不取正覺。
第 336 宣說甚深正教願	願我未來，成正覺已，若有眾生欲求「說法」，我當宣說「方便巧說」甚深正教。若不爾者，不取正覺。
第 337 教示空理願	願我未來，成正覺已，若有眾生欲觀「空法」，我當教示「畢竟空理」。若不爾者，不取正覺。
第 344 放大光明願	願我未來，成正覺已，為一一眾生，放「大光明」，令得見之，入於「正見」。若不爾者，不取正覺。
第 345 現諸瑞相願	願我未來，成正覺已，為一一眾生，現諸「瑞相」，令得見之，入於「正道」。若不爾者，不取正覺。
第 346 震動世界願	願我未來，成正覺已，為一一眾生，「震動」世界，令得見之，入於「佛道」。若不爾者，不取正覺。
第 347 現諸音樂願	願我未來，成正覺已，為一一眾生，現諸「音樂」，令得聞之，為「說正法」。若不爾者，不取正覺。
第 348 雨諸天花願	願我未來，成正覺已，為一一眾生，雨諸「天花」，令得見之，為「說正法」。若不爾者，不取正覺。
第 349 大海入芥子願	願我未來，成正覺已，為一一眾生，無量「須彌大海」，入「芥子」中，令得見之，為「說正法」。若不爾者，不取正覺。
第 350 現諸佛國土願	願我未來，成正覺已，為一一眾生，現他方諸佛國土，令得見之。若不爾者，不取正覺。
第 351 常行乞食願	願我未來，成正覺已，為一一眾生，常行「乞食」，令得見之，為說「正法」。若不爾者，不取正覺。
第 352	願我未來，成正覺已，為一一眾生，示現「涅槃」，

示現涅槃願	心不生厭，令入「佛道」。若不爾者，不取正覺。
第 359 歌舞供養舍利願	願我來世，入「涅槃」後，若有眾生，以諸「歌舞」供養「舍利」，以是因緣，隨其志願，於「三乘」中，各得不退轉。若不爾者，不取正覺。
第 360 歌唄舍利願	願我來世，入「涅槃」後，以諸「偈頌」，歌唄「舍利」，以是因緣，隨其志願，於「三乘」中，各得「不退轉」。若不爾者，不取正覺。
第 361 衣服供養舍利願	願我來世，入「涅槃」後，若有眾生以諸「衣服」，供養「舍利」，以是因緣，隨其志願，於「三乘」中，各不退轉。若不爾者，不取正覺。
第 362 飲食供養舍利願	願我來世，入「涅槃」後，若有眾生，以諸「飲食」，供養「舍利」，以是因緣，隨其志願，於「三乘」中，各不退轉。若不爾者，不取正覺。
第 363 塔廟供養舍利願	願我來世，入「涅槃」後，若有眾生，以起「塔廟」，供養「舍利」，以是因緣，隨其志願，於「三乘」中，各不退轉。若不爾者，不取正覺。
第 364 勸人供養舍利願	願我來世，入「涅槃」後，若有眾生，勸令「他人」，供養「舍利」，以是因緣，隨其志願，於「三乘」中，各不退轉。若不爾者，不取正覺。
第 365 供養舍利隨喜願	願我來世，入「涅槃」後，若有眾生，見「他」供養「舍利」，心生隨喜，以是因緣，隨其志願，於「三乘」中，各不退轉。若不爾者，不取正覺。
第 366 讚歎舍利願	願我來世，入「涅槃」後，若有眾生，讚歎「舍利」微妙功德，以是因緣，隨其志願，於「三乘」中，各不退轉。若不爾者，不取正覺。
第 367 妙花供養舍利願	願我來世，入「涅槃」後，若有眾生，以諸「妙花」，供養「舍利」，以是因緣，隨其志願，於「三乘」中，各不退轉。若不爾者，不取正覺。
第 368 妙香供養舍利願	願我來世，入「涅槃」後，若有眾生，以諸「妙香」，供養「舍利」，以是因緣，隨其志願，於「三乘」中，各不退轉。若不爾者，不取正覺。
第 372 供養三寶願	願我來世，入「涅槃」後，若有眾生，以諸寶建立「塔寺」及「僧坊寺」，供養三寶，以是因緣，隨其志願，

	於「三乘」中，各不退轉。若不爾者，不取正覺。
第 373 雕畫佛菩薩像願	願我來世，入「涅槃」後，若有眾生，捨諸「珍寶」，「刻雕、綵畫」佛菩薩像，莊嚴供養，以是因緣，隨其志願，於「三乘」中，各不退轉。若不爾者，不取正覺。
第 374 聚砂爲頭塔願	願我來世，入「涅槃」後，若有眾生，以「微善心」，聚砂為塔，以是因緣，隨其志願，於「三乘」中，各不退轉。若不爾者，不取正覺。
第 375 畫諸佛像願	願我來世，入「涅槃」後，若有眾生，以「微善心」，指爪甲上，如「芥子」形，畫諸佛像，以是因緣，隨其志願，於「三乘」中，各不退轉。若不爾者，不取正覺。
第 376 衣服臥具供養三寶願	願我來世，入「涅槃」後，若有眾生，以諸「衣服、臥具」供養「三寶」，以是因緣，隨其志願，於「三乘」中，各不退轉。若不爾者，不取正覺。
第 377 花香供養三寶願	願我來世，入「涅槃」後，若有眾生，諸妙花香，供養三寶，以是因緣，隨其志願，於「三乘」中，各不退轉。若不爾者，不取正覺。
第 378 歌唄三寶願	願我來世，入「涅槃」後，若有眾生，至心讚嘆，歌唄三寶，以是因緣，隨其志願，於「三乘」中，各不退轉。若不爾者，不取正覺。
第 379 花供養三寶願	願我來世，入「涅槃」後，若有眾生，以「微善心」，以「一枝花」供養「三寶」，以是因緣，隨其志願，於「三乘」中，各不退轉。若不爾者，不取正覺。
第 380 善心一禮三寶願	願我來世，入「涅槃」後，若有眾生，以「微善心」，一禮三寶，以是因緣，隨其志願，於「三乘」中，各不退轉。若不爾者，不取正覺。
第 381 珍寶衣服施眾生願	願我來世，入「涅槃」後，若有眾生，以諸「珍寶、衣服」等具，施於眾生，以是因緣，隨其志願，於「三乘」中，各不退轉。若不爾者，不取正覺。
第 382 飲食施貧窮願	願我來世，入「涅槃」後，若有眾生，以諸「飲食」施諸「貧窮」，以是因緣，隨其志願，於「三乘」中，各不退轉。若不爾者，不取正覺。

第383 食施有情蟲類願	願我來世，入「涅槃」後，若有眾生，乃至「一搏之食」，施諸有情蟲類，以是因緣，隨其志願，於「三乘」中，各不退轉。若不爾者，不取正覺。
第384 受具足戒堅持願	願我來世，入「涅槃」後，若有眾生，受「具足戒」，如說「堅持」，以是因緣，隨其志願，於「三乘」中，各不退轉。若不爾者，不取正覺。
第385 願受十重戒堅持願	願我來世，入「涅槃」後，若有眾生，受「十重戒」，如說「堅持」，以是因緣，隨其志願，於「三乘」中，各不退轉。若不爾者，不取正覺。
第386 受五戒堅持願	願我來世，入「涅槃」後，若有眾生，受「優婆塞五戒」，如說「堅持」，以是因緣，隨其志願，於「三乘」中，各不退轉。若不爾者，不取正覺。
第387 受八齋戒堅持願	願我來世，入「涅槃」後，若有眾生，一日一夜，受「八齋戒」，如說堅持，以是因緣，隨其志願，於「三乘」中，各不退轉。若不爾者，不取正覺。
第388 受一戒食堅持願	願我來世，入「涅槃」後，若有眾生，乃至受「一戒食」堅持，以是因緣，隨其志願，於「三乘」中，各不退轉。若不爾者，不取正覺。
第389 忍受諸苦願	願我來世，入「涅槃」後，若有眾生，信佛所說，「忍受」諸苦，以是因緣，隨其志願，於「三乘」中，各不退轉。若不爾者，不取正覺。
第390 忍不致報願	願我來世，入「涅槃」後，若有眾生，信佛所說，被加「罵言」，忍不致報，以是因緣，隨其志願，於「三乘」中，各不退轉。若不爾者，不取正覺。
第391 勤修佛事願	願我來世，入「涅槃」後，若有眾生，一心精進，勤修佛事，以是因緣，隨其志願，於「三乘」中，各不退轉。若不爾者，不取正覺。
第392 攝念坐禪願	願我來世，入「涅槃」後，若有眾生，除諸「散亂」，攝念坐禪，以是因緣，隨其志願，於「三乘」中，各不退轉。若不爾者，不取正覺。
第393 解脫大乘願	願我來世，入「涅槃」後，若有眾生，解說大乘，以是因緣，隨其志願，於「三乘」中，各不退轉。若不爾者，不取正覺。

第 396 令聽教法願	願我來世，入「涅槃」後，若有眾生，勸諸他人，令聽「教法」，乃至「一四句偈」，以是因緣，隨其志願，於「三乘」中，各不退轉。若不爾者，不取正覺。
第 397 供養法師願	願我來世，入「涅槃」後，若有眾生，聞法隨喜，心生歡喜，供養法師，以是因緣，隨其志願，於「三乘」中，各不退轉。若不爾者，不取正覺。
第 398 一禮三寶願	願我來世，入「涅槃」後，若有眾生，聞法歡喜，乃至「一花」，供養三寶、一禮三寶，以是因緣，隨其志願，於「三乘」中，各不退轉。若不爾者，不取正覺。
第 416 舍利出佛聲等願	我來世，入「涅槃」後，從「舍利珠」，復出妙音，「佛聲、法聲、比丘聲」等。「諸天」聞之，行諸善業，來下人間教化眾生，令住十善。若不爾者，不取正覺。
第 417 舍利出妙聲願	願我來世，入「涅槃」後，從「舍利珠」，復出妙聲：「歸依佛聲、歸依法聲、歸依僧聲、檀波羅蜜」，乃至「般若波羅聲」。密說微妙諸法門。「諸天」聞之，生心隨喜，悔責不善，行諸善業，住不退地。若不爾者，不取正覺。
第 418 舍利放五色光願	願我來世，入「涅槃」後，從「舍利珠」，放「五色光」，其光照耀，依諸佛事。「諸天」見之，行諸「善業」，住不退地。若不爾者，不取正覺。
第 419 舍利出諸珍寶願	願我來世，入「涅槃」後，從「舍利珠」，出諸「珍寶」：「金銀、瑠璃、真珠」等寶。「衣服、瓔珞」諸莊嚴具，如雨而下，遍滿娑婆利益眾生。若不爾者，不取正覺。
第 420 舍利國土安穩願	願我來世，入「涅槃」後，爾時國土，依「舍利珠」，安穩豐樂，刀兵劫災，自焚轉滅；眾生「惡心」，任運止息，皆生「慈心」，如父母般，而有「恩義」。無一念「害心」，修「十善道」，住「三乘法」。若不爾者，不取正覺。
第 421 舍利諸惡消滅願	願我來世，入「涅槃」後，從「舍利珠」，雨「珍寶」，故一切諸惡，悉皆消滅。眾生壽命日日增長，一切世界，修「十善道」，於「三乘」地，得「不退轉」。若

	不爾者，不取正覺。
第 424 舍利放種種光願	願我來世，入「涅槃」後，(若遇)「疾病劫」生起時，從「舍利珠」，放種種「光」，遍照虛空。諸天觸光，身心安樂，憶念「善根」，發菩提心，住不退地。若不爾者，不取正覺。
第 425 舍利雨華香願	願我來世，入「涅槃」後，(若遇)「疾病劫」時，從「舍利珠」，雨種種華，及種種香，遍滿虛空。諸天見之，身心喜樂，皆發「菩提心」，住「不退地」。若不爾者，不取正覺。
第 426 舍利出妙音願	願我來世，入「涅槃」後，(若遇)「疾病劫」時，從「舍利珠」，出微妙音，謂「伽陵頻伽」雅音，殊勝如佛「現在說法之聲」。(並)演說一切「苦、空、無我、六度、四攝」無量法門，諸天聞之，深生歡善，一切煩惱，永得遠離，於「三乘」中，各得不退。若不爾者，不取正覺。
第 427 舍利出珍寶願	願我來世，入「涅槃」後，(若遇)「疾病劫」時，從「舍利珠」，出諸「珍寶」，如雨而下，謂「金、銀」等，希有「寶衣服、臥具、天冠、瓔珞」，眾生資具，遍滿娑婆。眾生受用，作大利益眾生。若不爾者，不取正覺。
第 428 舍利出妙藥願	願我來世，入「涅槃」後，(若遇)「疾病劫」時，從「舍利珠」，出諸妙藥，如雨而下，遍滿世界。一切眾生取之服已，「四百四病」皆悉除，能治愈四大，調和疾病，皆生歡喜，修十善道，於「三乘」中，各得不退。若不爾者，不取正覺。
第 429 舍利國土安寧願	願我來世，入「涅槃」後，(若遇)「疾病劫」時，因「舍利珠」力故，國土安寧，無諸災難，怨賊惡鬼，永無其名。一切眾生皆生善心，修「十善」，故壽命日增，如彼「增劫」。於「三乘」中，得不退轉。若不爾者，不取正覺。
第 430 舍利不散滅願	願我來世，入「涅槃」後，(若遇)「疾病劫」時，我之「舍利」，作大佛事，利益眾生已，而(永)「不散滅」，還沒於地，至本住處「金剛輪際」。若不爾者，不取正覺。

第 *432* 舍利放光明願	願我來世，入「涅槃」後，(若遇)「飢饉劫」時，從「舍利珠」，放「五色」光明，遍照虛空，諸天集會，各生歡喜，修諸「善業」，住「不退地」。若不爾者，不取正覺。
第 *433* 舍利雨妙華願	願我來世，入「涅槃」後，(若遇)「飢饉劫」時，從「舍利珠」，雨種種花，諸雜妙華，遍滿虛空，諸天見之，憶念善根，來下娑婆，教化眾生，令住「十善」。若不爾者，不取正覺。
第 *434* 舍利出妙音聲願	願我來世，入「涅槃」後，(若遇)「飢饉劫」時，從「舍利珠」，出妙音聲，甚可愛樂，說諸法門，「八萬四千」甚深正教。諸天聞之，皆離煩惱，於「三乘」中，各得不退轉。若不爾者，不取正覺。
第 *435* 舍利出諸珍寶願	願我來世，入「涅槃」後，(若遇)「飢饉劫」時，從「舍利珠」，出諸「珍寶」，如雨而下，滿娑婆界，廣作佛事，利益眾生。若不爾者，不取正覺。
第 *436* 舍利出百味願	願我來世，入「涅槃」後，(若遇)「飢饉劫」時，從「舍利珠」，出諸百味「甘露」飲食，充滿缽器，如雨而下，周遍國境。飢饉眾生，競取食已，身色珠妙，威德圓滿，一切皆如第二天身；「飢饉劫名」自然不聞，皆修「十善」，「慈心」布施，住「不退地」。若不爾者，不取正覺。
第 *437* 舍利世界安穩願	願我來世，入「涅槃」後，(若遇)「飢饉劫」時，從「舍利珠」，雨珍寶故，世界安穩，上下和合，無諸災難，亦無惡毒眾生。歡喜修「十善道」，壽命增長。於「三乘」中，各得「不退地」。若不爾者，不取正覺。
第 *438* 舍利令入佛道願	願我來世，入「涅槃」後，(若遇)「飢饉劫」時，願我「舍利」，如是方便，利益眾生，不遺一眾生，令入佛道。若不爾者，不取正覺。
第 *439* 舍利作大利益願	願我來世，入「涅槃」後，(若遇)「飢饉劫」時，願我舍利，作大利益，教化眾生已，而(永)不「散滅」，(能)還沒於地，至本住處「金剛輪際」。若不爾者，不取正覺。
第 *472* 出「八寒」等地獄	願我今於佛前，發大誓願，若我善根成就，得己利者，我之所有「布施」等善，悉皆迴向「八寒」等「一

生人天願	切地獄」受苦眾生，以是善根當拔濟之，生「人、天」中，聞佛說法，於「三乘」中，各不退轉。是諸眾生若業未盡，我當捨壽入諸地獄，經無量劫代諸眾生受苦，令證菩提。若不爾者，不取正覺。

三、《悲華經》釋迦佛五百大願解析－大願標題名稱

－ 天 下 好 話　佛 説 盡 －
－ 天 下 大 願　佛 發 盡 －

　　有鑑於前人整理的「釋迦如來五百大願」資料，筆者始終覺得不容易閱讀，以及有部份內容並不存在於《悲華經》，故筆者在完全依據《悲華經》與《大乘悲分陀利經》的經文下，另外整理出「五百大願」，內容如下：

經文卷六開始是寶海發「五百大願」的經文開端	
經文卷六~經文卷七	第 1~455 願
經文卷八	第 456~494 願
經文卷九	第 495~497 願
經文卷十	第 498~500 願

《悲華經》中釋迦如來五百大願(大願標題名稱)

第 1
修行大布施之願
第 2
布施不求「人天果報」但爲度眾願
第 3
若遇索求「過量」之布施亦皆滿願，只爲調伏攝度眾生願
第 4
我之大布施於「過去、未來」無人能勝願
第 5
未來無量劫皆行大布施而永不斷絕願
第 6
修行持戒願
第 7
修行忍辱願
第 8
修行精進願
第 9
修行禪定願
第 10
修行般若願
第 11
我堅固精勤修「般若」於「過去、未來」無人能勝願
第 12
爲諸菩薩開示「大悲心」與「大涅槃」願
第 13
不執著於六度的「無功用道」願

| 第 *14* |
| 以精勤修集六度去救度五逆重罪者願 |
| 第 *15* |
| 於十劫中願代眾生入阿鼻受諸苦痛願 |
| 第 *16* |
| 於十劫中願代眾生入畜生受諸苦痛願 |
| 第 *17* |
| 於十劫中願代眾生入餓鬼受諸苦痛願 |
| 第 *18* |
| 於十劫中願代眾生入貧窮受諸苦痛願 |
| 第 *19* |
| 於十劫中願代眾生入鬼神受諸苦痛願 |
| 第 *20* |
| 於十劫中願代眾生入卑賤人中受諸苦痛願 |
| 第 *21* |
| 令無善根「失念燋枯心意」眾生廣種善根願 |
| 第 *22* |
| 不求人天享樂而久處生死度化眾生願 |
| 第 *23* |
| 以微塵劫數時間去供養諸佛願 |
| 第 *24* |
| 以微塵劫「供具」去供養諸佛願 |
| 第 *25* |
| 於諸佛所獲得諸善功德願 |
| 第 *26* |
| 令眾生皆住無上菩提願 |
| 第 *27* |
| 隨眾生心意而令住緣覺願 |

第 28
隨眾生心意而令住聲聞願
第 29
若世無佛我願作仙人令住十善與得五神通願
第 30
變身大自在天「摩醯首羅」令住善法願
第 31
變身八臂「那羅延」毘紐天神令住善法願
第 32
變身日天子令住善法願
第 33
變身月天子令住善法願
第 34
變身梵天身令住善法願
第 35
變身金翅鳥「迦樓羅」令住善法願
第 36
變身兔形令住善法願
第 37
以身血肉救飢餓眾生並代眾生受罪為作救護願
第 38
為無善根者代受生死種種苦惱願
第 39
願為乏「聖七財」眾生廣修「六度」並令住於不退轉願
第 40
能見曾被我度化而成佛者願
第 41
勸教度化無量眾生得「陀羅尼、三昧、忍辱」乃至成佛願

第 42
能得見「賢劫」已成佛之諸佛願
第 43
以諸「供具」供養拘留孫佛願
第 44
向拘留孫佛請法願
第 45
能調伏於拘留孫佛時具鈍根重罪願
第 46
於拘留孫佛滅度後繼作佛事願
第 47
以諸「供具」供養伽那迦牟尼佛願
第 48
向伽那迦牟尼佛請法願
第 49
能調伏於伽那迦牟尼佛時具鈍根重罪願
第 50
於伽那迦牟尼佛滅度後繼作佛事願
第 51
以諸「供具」供養迦葉佛願
第 52
向迦葉佛請法願
第 53
能調伏於迦葉佛時具鈍根重罪願
第 54
於迦葉佛滅度後繼作佛事願
第 55
於人壽千歲仍勸眾生住「三福」願

第 56
生天講法利眾願
第 57
從兜率下生轉輪王家度眾願
第 58
入胎即放光願
第 59
令三界眾生見我入胎光明願
第 60
光明觸身能種「涅槃根」願
第 61
處胎即獲「無生空三昧門」願
第 62
能見我處胎與出胎願
第 63
雖處母胎卻住於「珍寶三昧」願
第 64
右脇出胎天地六動願
第 65
出胎令眾生得覺悟願
第 66
出胎光明能遍照願
第 67
出胎光明能覺醒眾生願
第 68
出胎後能令眾生得「三昧耶」願
第 69
出胎蹈地能讓天地六動願

| 第 70 |
| 四生五道能得覺悟願 |

| 第 71 |
| 令眾生得「三昧」與住三乘願 |

| 第 72 |
| 獲諸天眾生等供養我 |

| 第 73 |
| 出胎即行七步願 |

| 第 74 |
| 出胎後即能以「選擇功德三昧力」講正法願 |

| 第 75 |
| 有求聲聞者令得「一生補處」願 |

| 第 76 |
| 有求緣覺者令得「日華忍辱」願 |

| 第 77 |
| 有求大乘者令得「執持金剛愛護大海三昧」願 |

| 第 78 |
| 出胎後有「最勝龍王」來為我洗身願 |

| 第 79 |
| 眾生若見我被龍王洗身即得住於三乘願 |

| 第 80 |
| 我當童子乘羊車時能覺悟眾生願 |

| 第 81 |
| 我當童子遊戲時能覺悟眾生願 |

| 第 82 |
| 我當童子之種種業行皆能覺悟眾生願 |

| 第 83 |
| 以「一切功德成就三昧力」為眾生說三乘法願 |

| 第 84 |
| 若有已發聲聞乘者必得「一生補處」願 |
| 第 85 |
| 若有已發緣覺乘者必得「日華忍辱」願 |
| 第 86 |
| 若有已發大乘者必得「執持金剛愛護大海三昧」願 |
| 第 87 |
| 我於菩提樹下能入「阿頗三昧」不動禪定願 |
| 第 88 |
| 我入「阿頗三昧」不動禪定後，可施「半麻、半米」於他人願 |
| 第 89 |
| 諸天聞我苦行皆來供養我願 |
| 第 90 |
| 諸天大眾等皆來證我之苦行願 |
| 第 91 |
| 有求聲聞者由我度彼至「一生補處」願 |
| 第 92 |
| 有求緣覺者由我度彼得「日華忍辱」願 |
| 第 93 |
| 有求大乘者由我度彼獲「執持金剛愛護大海三昧」願 |
| 第 94 |
| 諸天龍八部等大眾皆來證明我之苦行願 |
| 第 95 |
| 外道見我苦行而改歸依於佛門願 |
| 第 96 |
| 國王大臣貴賤者見我苦行而行供養願 |
| 第 97 |
| 女人見我苦行不再受女身願 |

第 98 禽獸見我苦行不再受畜生身願
第 99 禽獸若具聲聞乘根器 者由 我度化不再受生願
第 100 禽獸若具緣覺乘根器 者由 我度化不再受生願
第 101 一切微細小蟲皆由 我度化不再受生願
第 102 一切餓鬼皆由 我度化不再受生願
第 103 有無量眾生證明我之苦行願
第 104 我之苦行皆勝過去願
第 105 我之苦行皆勝未來願
第 106 未成佛道即能降魔王及眷屬願
第 107 能破煩惱魔而成菩提願
第 108 能令乃至一眾生獲阿羅漢妙果，現生只剩「殘業報身」願
第 109 能令一切眾生獲阿羅漢妙果，現生只剩「殘業報身」願
第 110 以百千無量神通令眾生安住於「正見」願
第 111 能隨眾根機説法令住「聖果」願

第112
以金剛智慧破眾生煩惱並說三乘願
第113
不以神力而步涉百千由旬只為眾生說法令住「無所畏」願
第114
若有眾生欲出家修行即永無諸障礙願
第115
若有女人出家即能「受大戒」願
第116
我之四眾弟子皆能獲供養願
第117
天人鬼神類亦能得「四聖諦」願
第118
天龍八部及畜生等亦能得「八戒」修梵行願
第119
眾生若對我殘害修「忍辱」願
第120
眾生對我惡言罵詈誹謗修「忍辱」願
第121
眾生施毒食於我悉能容受直至成阿耨菩提為止願
第122
以「戒多聞三昧」度化「宿世怨賊」願
第123
令「宿世怨賊」生懺悔與「業盡」，能得生天上與人中願
第124
令宿世怨賊「業盡」後生天能住「勝果」願
第125
能滅眾生所餘之「殘業果報」願

第 126
我成菩提後身之毛孔日日出「化佛」具裝嚴願
第 127
我身毛孔所出之化佛能至「無佛」世界度眾願
第 128
我身毛孔所出之化佛能至「有佛」世界度眾願
第 129
我身毛孔所出之化佛能至「五濁」世界度眾願
第 130
我身之化佛能於一日說法度五逆重罪願
第 131
我身之化佛能於一日說法度「已學聲聞」又造罪願
第 132
我身之化佛能於一日說法度「已學緣覺」又造罪願
第 133
我身之化佛能於一日說法度「已學大乘」又造罪願
第 134
我身之化佛能變大自在天「魔醯首羅」而爲說法度眾願
第 135
若有聞讚「我娑婆國名」即可得生我界願
第 136
若有聞讚「我釋迦名」即可得生我界願
第 137
於眾生命終講法令生善心與淨心願
第 138
三惡道眾生皆能生我界得人身願
第 139
事奉毘紐天神「那羅延」外道者亦能生我界願

第 140 他方具五逆重罪者皆能得生我界願
第 141 爲度五逆重罪故從「兜率」降神於母胎願
第 142 示現諸佛事度眾而遍滿百億個「四天下」願
第 143 能以一音説法眾生隨類各得解願
第 144 若有求聲聞者一聞佛説即知「聲聞法藏」願
第 145 若有求緣覺者一聞佛説即知「緣覺法藏」願
第 146 若有求大乘者一聞佛説即知「大乘純一無雜」願
第 147 若有欲得菩提者一聞佛説即知「布施」願
第 148 若有欲得人天樂者一聞佛説即知「持戒」願
第 149 若有愛瞋心者一聞佛説即得「慈心」願
第 150 若有好殺者一聞佛説即得「悲心」願
第 151 若有慳貪嫉心者一聞佛説即得「喜心」願
第 152 若有貪色欲心放逸者一聞佛説即得「捨心」願
第 153 若有婬欲熾盛者一聞佛説即得「不淨觀」願

第 *154*
若有學大乘爲「掉、蓋」所亂者一聞佛説即得「數息觀」願

第 *155*
若有好論議自讚者一聞佛説即得「十二因緣」願

第 *156*
若有寡聞自讚者一聞佛説即得不失「總持」願

第 *157*
若有邪見者一聞佛説即得諸法「甚深空門」願

第 *158*
若有麤思妄覺者一聞佛説即得深解「無相」法門願

第 *159*
若有被不淨願覆心者一聞佛説即得深解「無作」法門願

第 *160*
若有心不淨者一聞佛説即得心清淨願

第 *161*
若有諸散亂攀緣心者一聞佛説即得「不失菩提心法」願

第 *162*
若有被瞋恚覆心者一聞佛説即得解「無怨法」獲授記願

第 *163*
若有被六塵依猗覆心者一聞佛説即得「諸法無所依住」願

第 *164*
若有被愛染覆心者一聞佛説即得「諸法無垢清淨」願

第 *165*
若有忘失善心者一聞佛説即得深解「日光三昧」願

第 *166*
若有行諸魔業者一聞佛説即得「清淨諸法」願

第 *167*
若有被邪論覆心者一聞佛説即得深解「正法」願

第 168
若有被煩惱覆心者一聞佛説即得深解「離煩惱法」願

第 169
若有行諸惡道者一聞佛説即得「迴心反正」願

第 170
若有將大乘讚爲邪法者一聞佛説即於邪法生「退轉」願

第 171
若有「悲增菩薩」但厭生死者一聞佛説即得「不厭生死」願

第 172
若有不知「善品階地」者一聞佛説即得深解「善品階地」願

第 173
若有見善生嫉者一聞佛説即得見善生「隨喜心」願

第 174
若有於眾生生「違逆反叛」者一聞佛説即得「無闚光明」願

第 175
若有行諸惡業者一聞佛説即得深解「惡業果報」願

第 176
若有於眾中常生怖畏者一聞佛説即得「師子相三昧」願

第 177
若有被「四魔」覆心者一聞佛説即得「首楞嚴三昧」願

第 178
若有不見「佛刹光明」者一聞佛説即得「莊嚴光明三昧」願

第 179
若有被「憎、愛」覆心者一聞佛説即得「捨心」願

第 180
若有未得佛法光明者一聞佛説即得「法幢三昧」願

第 181
若有離大智慧者一聞佛説即得「法炬三昧」願

第 182
若有被「癡闇」覆心者一聞佛說即得「日燈光明三昧」願
第 183
若有「口 無辯才」者一聞佛說即得種種「應對辯才」願
第 184
若有「觀色相如沫」而覆心者一聞佛說即得「那羅延三昧」願
第 185
若有「心亂意動」者一聞佛說即得「堅牢決定三昧」願
第 186
若有欲「觀佛頂相」者一聞佛說即得「須彌幢三昧」願
第 187
若有欲「捨本願」者一聞佛說即得「堅牢三昧」願
第 188
若有退失「諸法通達」者一聞佛說即得「金剛三昧」願
第 189
若有於「菩提場」生疑者一聞佛說即得深解「金剛道場」願
第 190
若有於世法「不生厭離心」者一聞佛說即得「金剛三昧」願
第 191
若有不知他人心念者一聞佛說即得「他心通」願
第 192
若有不知眾生「利、鈍」者一聞佛說即能知其「利、鈍」願
第 193
若有不能「通解語言」者一聞佛說即得「解了音聲三昧」願
第 194
若有未得「法身」者一聞佛說即得「解了分別諸身」願
第 195
若有不見「佛身」者一聞佛說即得「不眴三昧」願

第 196
若有對眾生常生「分別妄念」者一聞佛說即得「無諍三昧」願
第 197
若有對「轉法輪」心生疑者一聞佛說即得深解「無垢法輪」願
第 198
若有起「無因緣果報」之邪行者一聞佛說即得「因緣法義」願
第 199
若有於佛土生「永恒常見」者一聞佛說即得「善別佛土義」願
第 200
若有未種「諸相善根」者一聞佛說即得「諸莊嚴三昧」願
第 201
若有「不能分別言語」者一聞佛說即得「解了分別種種言音三昧」願
第 202
若有欲求「一切種智」者一聞佛說即得「無所分別法界三昧」願
第 203
若有退轉於佛法者一聞佛說即得「堅固三昧」願
第 204
若有不知「法界」者一聞佛說即得「大智慧」願
第 205
若有「捨離誓願」者一聞佛說即得「不失三昧」願
第 206
若有「常分別諸佛道」者一聞佛說即得「一道無所分別」願
第 207
若有欲求「智慧同虛空」者一聞佛說即得「無所有三昧」願
第 208
若有未具足諸波羅蜜者一聞佛說即得住「清淨波羅蜜」願

第 209
若有未具「四攝法」者一聞佛說即得「妙善攝取三昧」願

第 210
若有分別於「四無量心」者一聞佛說即得「平等勤心精進」願

第 211
若有未具足「三十七道品」者一聞佛說即得「住不出世三昧」願

第 212
若有忘失「正念心智」者一聞佛說即得「大海智印三昧」願

第 213
若有未得「無生法忍」者一聞佛說即得「諸法決定三昧」願

第 214
若有「忘失所聞法」者一聞佛說即得「不失念三昧」願

第 215
若有「不相喜樂於別人說法」者一聞佛說即得「清淨慧眼」願

第 216
若有「於三寶不生信心」者一聞佛說即得「功德增長三昧」願

第 217
若有渴慕「法雨」者一聞佛說即得「法雨三昧」願

第 218
若有於三寶中起「斷滅見」者一聞佛說即得「諸寶莊嚴三昧」願

第 219
若有不作「智業」與「精進」者一聞佛說即得「金剛智慧三昧」願

第 220
若有被「煩惱」繫縛者一聞佛說即得「虛空印三昧」願

第 221
若有執於「我」與「我所」者一聞佛說即得「智印三昧」願

第222
若有不知「如來功德」者一聞佛說即得「世間解脫三昧」願
第223
若有於「過去未供養佛」者一聞佛說即得「神通變化」願
第224
若有未聞「一法界」者一聞佛說即得深解諸法「同一法界」願
第225
若有於諸經未得「精選取擇」者一聞佛說即得諸法「平等實相三昧」願
第226
若有離「六和敬法」者一聞佛說即得深解「諸法三昧」願
第227
若有不精進於「解脫法門」者一聞佛說即得「師子遊戲三昧」願
第228
若有欲入「自性如來藏」者一聞佛說即得深解「如來藏」願
第229
若有不勤精進於「菩薩道」者一聞佛說即得「智慧」與「精進」願
第230
若有未曾得見「本生經」者一聞佛說即得「一切在在處處三昧」願
第231
若有於「菩薩道」仍未圓滿者一聞佛說即得「受記三昧」願
第232
若有未具足「如來十力」者一聞佛說即得「無壞三昧」願
第233
若有未得「四無所畏」者一聞佛說即得「無盡意三昧」願
第234

若有未得「佛不共法」者一聞佛說即得「不共法三昧」願
第 235
若有未具足「無愚癡見」者一聞佛說即得「願句 三昧」願
第 236
若有仍未「覺悟諸法」者一聞佛說即得「鮮白 無垢淨印 三昧」願
第 237
若有仍未具足「一切智」者一聞佛說即得「善了 三昧」願
第 238
若有未成就「一切佛事」者一聞佛說即得「無量不盡意三昧」願
第 239
菩薩能以佛之「一句 法」得八萬 四千「法門」願
第 240
菩薩能以佛之「一句 法」得八萬 四千諸「三昧門」願
第 241
菩薩能以佛之「一句 法」得七萬 五千「陀羅尼」願
第 242
菩薩聞佛法義得不退轉願
第 243
菩薩聞佛法義得不可思議「知見」願
第 244
菩薩聞佛「三十二相」莊嚴得「八十隨形好」願
第 245
菩薩聞佛「妙音」莊嚴得「知見滿足」願
第 246
菩薩聞佛「心」莊嚴得「不退轉」願
第 247

菩薩聞佛「念」莊嚴得「總持」願
第 248 菩薩聞佛「意」莊嚴得「分別諸法」願
第 249 菩薩聞佛「念思」莊嚴得解「極微塵」等「甚深法義」願
第 250 菩薩聞佛「善心」莊嚴得「堅固誓願精進」願
第 251 菩薩聞佛「專心」莊嚴得「越過諸地」願
第 252 菩薩聞佛「布施」莊嚴得「捨一切物」願
第 253 菩薩聞佛「持戒」莊嚴得「清淨無垢」願
第 254 菩薩聞佛「忍辱」莊嚴得「心無障閡」願
第 255 菩薩聞佛「精進」莊嚴得「諸事成辦」願
第 256 菩薩聞佛「禪定」莊嚴得「師子遊戲」願
第 257 菩薩聞佛「智慧」莊嚴得了知「煩惱結使因」願
第 258 菩薩聞佛「慈」莊嚴得「專念眾生」願
第 259 菩薩聞佛「悲」莊嚴得「拔眾生苦」願
第 260 菩薩聞佛「喜」莊嚴得「心無疑惑」願
第 261

菩薩聞佛「捨」莊嚴得「心無高下」離憍慢願
第 262 菩薩聞佛「諸法通達」莊嚴得「師子遊戲」願
第 263 菩薩聞佛「功德」莊嚴得「寶手無盡藏」願
第 264 菩薩聞佛「智」莊嚴得知「眾生諸心」願
第 265 菩薩聞佛「意」莊嚴得方便「覺悟一切眾生」願
第 266 菩薩聞佛「光明」莊嚴得「智慧眼明」願
第 267 菩薩聞佛「諸辯」莊嚴得法義「應對辯才」願
第 268 菩薩聞佛「無畏」莊嚴得諸魔不能「阻留刁難」願
第 269 菩薩聞佛「功德」莊嚴得「諸佛所有功德」願
第 270 菩薩聞佛「法」莊嚴得「無閡辯才」願
第 271 菩薩聞佛「光明」莊嚴得「佛法光明」願
第 272 菩薩聞佛「照明」莊嚴得「遍照諸佛世界」願
第 273 菩薩聞佛「他心」莊嚴得「正智無亂」願
第 274 菩薩聞佛「教誡」莊嚴得「護持禁戒」願
第 275

菩薩聞佛「神足」莊嚴得「四如意足」願

第 276
菩薩聞佛「受持諸如來」莊嚴得入「如來無量法藏」願

第 277
菩薩聞佛「尊法」莊嚴得「不隨他智慧」願

第 278
菩薩聞佛「隨行諸善法」莊嚴得「如說而行」願

第 279
菩薩聞佛之「一句法」得「白淨善法」願

第 280
菩薩所得智慧不需「從他而聞」即能成就阿耨菩提願

第 281
他方五逆重罪來生我界願

第 282
他方學三乘者來生我界願

第 283
爲他方八萬四千「亂意」眾生廣說八萬四千法願

第 284
有他方界來求大乘者則爲之廣説六度願

第 285
有他方界來求聲聞者則爲之安住三歸依與六度願

第 286
有他方界喜殺害者則爲之安止於不殺願

第 287
有他方界喜惡貪者則爲之安止於不盜願

第 288
有他方界喜邪婬者則爲之安止於不邪婬願

第 289

有他方界喜妄語者則爲之安止於不妄語願
第 290 有他方界喜飲酒者則爲之安止於不飲酒願
第 291 有他方界犯五戒者則爲之安止於五戒願
第 292 有他方界「不喜善法」者則爲之安止於「八戒」願
第 293 有他方界「缺善根者」則爲之安止於「梵淨十戒」願
第 294 有他方界「喜求諸善」者則爲之安止於「梵行大戒」願
第 295 以神通具足爲他方界眾生開示「五陰」法義願
第 296 以神通具足爲他方界眾生開示「十八界」法義願
第 297 以神通具足爲他方界眾生開示「十二入」法義願
第 298 以神通具足爲他方界眾生開示「苦」法義願
第 299 以神通具足爲他方界眾生開示「空」法義願
第 300 以神通具足爲他方界眾生開示「無常」法義願
第 301 以神通具足爲他方界眾生開示「無我」法義願
第 302 以神通具足爲他方界眾生開示「安隱道」法義願
第 303

以神通具足爲他方界眾生開示「無畏涅槃」法義願

第 304
有眾生欲求論義則爲之開示「論義」與「正法」義

第 305
有眾生欲求解脫則爲之開示「空無諸法」義願

第 306
有眾生心不樂正善法則爲之開示「營造勞作輔佐眾事」願

第 307
有眾生其心愛樂正善法則爲之開示「空三昧定」與解說願

第 308
不以神力而步涉百千由旬只爲眾生開示「句義」法願

第 309
不以神力而步涉百千由旬只爲眾生開示「文字」法願

第 310
不以神力而步涉百千由旬只爲眾生開示「變化神通」法願

第 311
不以神力而步涉百千由旬只爲眾生開示「涅槃」法願

第 312
願將「五分壽命」捨一分而入般涅槃願

第 313
爲憐愍眾生而將自身舍利碎如「半芥子」願

第 314
於般涅槃後爲憐愍眾生故「正法住世千年」願

第 315
於般涅槃後爲憐愍眾生故「像法住世五百年」願

第 316
若以「珍寶」供養我身舍利則於三乘得不退轉願

第 317

若以「伎樂」供養我身舍利則於三乘得不退轉願
第 318 若「禮拜」我身舍利則於三乘得不退轉願
第 319 若「右繞一匝」我身舍利則於三乘得不退轉願
第 320 若「合掌稱歎」我身舍利則於三乘得不退轉願
第 321 若以「一莖散華」供養我身舍利則於三乘得不退轉願
第 322 我般涅槃後能「堅持受持一戒者」則於三乘得不退轉願
第 323 我般涅槃後能「讀誦我法一四句者」則於三乘得不退轉願
第 324 我般涅槃後能「供養說法者」則於三乘得不退轉願
第 325 我般涅槃後能「以一華供養說法者」則於三乘得不退轉願
第 326 我般涅槃後能「以一禮供養說法者」則於三乘得不退轉願
第 327 我般涅槃後我身舍利將盡入地表「金剛際」願
第 328 願我般涅槃後我身舍利將變爲「意相琉璃寶珠」願
第 329 我身舍利所變的「意相琉璃寶珠」光明從金剛際到色究竟天願
第 330 我身舍利所變的「意相琉璃寶珠」將雨種種華願

第 *331* 我身舍利所變的「意相琉璃寶珠」將雨「種種香」願
第 *332* 我身舍利所變的「意相琉璃寶珠」將出微妙「佛聲」願
第 *333* 我身舍利所變的「意相琉璃寶珠」將出微妙「法聲」願
第 *334* 我身舍利所變的「意相琉璃寶珠」將出微妙「僧聲」願
第 *335* 我身舍利所變的「意相琉璃寶珠」將出微妙「三歸依聲」願
第 *336* 我身舍利所變的「意相琉璃寶珠」將出微妙「優婆塞戒聲」願
第 *337* 我身舍利所變的「意相琉璃寶珠」將出微妙「八戒聲」願
第 *338* 我身舍利所變的「意相琉璃寶珠」將出微妙「十戒聲」願
第 *339* 我身舍利所變的「意相琉璃寶珠」將出微妙「布施聲」願
第 *340* 我身舍利所變的「意相琉璃寶珠」將出微妙「持戒聲」願
第 *341* 我身舍利所變的「意相琉璃寶珠」將出微妙「梵行大戒聲」願
第 *342* 我身舍利所變的「意相琉璃寶珠」將出微妙「佐助眾事聲」願
第 *343* 我身舍利所變的「意相琉璃寶珠」將出微妙「讀經聲」願
第 *344* 我身舍利所變的「意相琉璃寶珠」將出微妙「禪定思惟聲」願

第 345
我身舍利所變的「意相琉璃寶珠」將出微妙「不淨聲」願
第 346
我身舍利所變的「意相琉璃寶珠」將出微妙「出入息聲」願
第 347
我身舍利所變的「意相琉璃寶珠」將出微妙「非想非非想聲」願
第 348
我身舍利所變的「意相琉璃寶珠」將出微妙「有想無想聲」願
第 349
我身舍利所變的「意相琉璃寶珠」將出微妙「識處聲」願
第 350
我身舍利所變的「意相琉璃寶珠」將出微妙「空處聲」願
第 351
我身舍利所變的「意相琉璃寶珠」將出微妙「八勝處聲」願
第 352
我身舍利所變的「意相琉璃寶珠」將出微妙「十一切入聲」願
第 353
我身舍利所變的「意相琉璃寶珠」將出微妙「定慧止觀聲」願
第 354
我身舍利所變的「意相琉璃寶珠」將出微妙「空聲」願
第 355
我身舍利所變的「意相琉璃寶珠」將出微妙「無相聲」願
第 356
我身舍利所變的「意相琉璃寶珠」將出微妙「無作聲」願
第 357
我身舍利所變的「意相琉璃寶珠」將出微妙「十二因緣聲」願
第 358

我身舍利所變的「意相琉璃寶珠」將出微妙「具足聲聞藏聲」願
第 359 我身舍利所變的「意相琉璃寶珠」將出微妙「具足緣覺乘聲」願
第 360 我身舍利所變的「意相琉璃寶珠」將出微妙「具足六度聲」願
第 361 我身舍利所變的 29 聲，「色界」天人聞後將下來娑婆度眾願
第 362 「色界」天人聞舍利所變的 29 聲後，將下來教化世人修十善願
第 363 我身舍利所變的 29 聲，「欲界」天人聞後，愛結五欲將得息止願
第 364 「欲界」天人聞舍利所變的 29 聲後，將下來教化世人修十善願
第 365 我身舍利所變的「意相琉璃寶珠」雨諸華後復變成諸「珍寶」願
第 366 我身舍利所變的「意相琉璃寶珠」能令眾生「心和悅」願
第 367 我身舍利所變的「意相琉璃寶珠」能除減眾生「鬥諍」願
第 368 我身舍利所變的「意相琉璃寶珠」能除減眾生「飢餓」願
第 369 我身舍利所變的「意相琉璃寶珠」能除減眾生「疾病」願

第 *370*
我身舍利所變的「意相琉璃寶珠」能除滅眾生「怨賊」願
第 *371*
我身舍利所變的「意相琉璃寶珠」能除滅眾生「惡口」願
第 *372*
我身舍利所變的「意相琉璃寶珠」能除滅眾生「諸毒」願
第 *373*
我身舍利所變的「意相琉璃寶珠」能令世界獲得「豐樂」願
第 *374*
我身舍利所變之諸珍寶若眾生「見之」則於三乘得不退轉願
第 *375*
我身舍利所變之諸珍寶若眾生「觸之」則於三乘得不退轉願
第 *376*
我身舍利所變之諸珍寶若眾生「用之」則於三乘得不退轉願
第 *377*
我身舍利所變之諸珍寶於「利益眾生」後復還歸於地表「金剛際」願
第 *378*
我身舍利將變爲「紺琉璃珠」從地而出到「色究竟天」願
第 *379*
我身舍利所變的「紺琉璃珠」能治「刀兵劫」願
第 *380*
我身舍利所變的「紺琉璃珠」能雨「種種華」願
第 *381*
我身舍利所變的「紺琉璃珠」復還歸於地表「金剛際」願
第 *382*
我身舍利所變的「紺琉璃珠」能除滅眾生「刀兵劫」願
第 *383*

我身舍利所變的「紺琉璃珠」能除滅眾生「飢餓」願
第 *384*
我身舍利所變的「紺琉璃珠」能除滅眾生「疾疫」願
第 *385*
我身舍利能「作種種佛事」度化眾生於三乘得不退轉願
第 *386*
我身舍利能於「五佛世界」等大劫中度化眾生於三乘得不退轉願
第 *387*
無數劫後所有成佛者皆曾由寶海我所勸化而修六度願
第 *388*
我身舍利能令眾生發「阿耨菩提心」願
第 *389*
無數劫後所有成佛者皆回頭稱讚往昔寶海之五百大願
第 *390*
若寶海我發之五百大願不能成就則今當「棄捨菩提心」願
第 *391*
若寶海我的五百願不成就則今亦不至「他方佛土」作「善根迴向」願
第 *392*
我所修之六度萬行不是只有「迴向自己成阿耨菩提」願
第 *393*
我所修之六度萬行並非為求「辟支佛乘」願
第 *394*
我所修之六度萬行並非為求「聲聞乘」願
第 *395*
我所修之六度萬行並非為求「天王」願
第 *396*

我所修之六度萬行並非爲求「人王」願
第 397 我所修之六度萬行並非爲求「五欲」願
第 398 我所修之六度萬行並非爲求「生天」願
第 399 我所修之六度萬行並非爲求「乾闥婆」願
第 400 我所修之六度萬行並非爲求「阿修羅」願
第 401 我所修之六度萬行並非爲求「迦樓羅」願
第 402 我所修之六度萬行並非爲求「緊那羅」願
第 403 我所修之六度萬行並非爲求「阿修羅」願
第 404 我所修之六度萬行並非爲求「摩睺羅伽」願
第 405 我所修之六度萬行並非爲求「夜叉」願
第 406 我所修之六度萬行並非爲求「羅刹」願
第 407 我所修之六度萬行並非爲求「諸龍王」願
第 408 我所修之六度萬行並非爲求「人中」願
第 409 我所修之「布施」果報只爲迴向救度地獄眾生願
第 410

我所修之「持戒」果報只爲迴向救度地獄眾生願
第 *411*
我所修之「多聞」果報只爲迴向救度地獄眾生願
第 *412*
我所修之「思惟」果報只爲迴向救度地獄眾生願
第 *413*
我願迴向救度阿鼻地獄之眾生令轉生「人中」願
第 *414*
我願迴向救度阿鼻地獄之眾生令生人中得成「阿羅漢果」願
第 *415*
我願迴向救度阿鼻地獄之眾生令得阿羅漢果而入「涅槃」願
第 *416*
令我身碎如「微塵」又如「須彌山」而代眾生受重罪苦惱願
第 *417*
十方五逆重罪墮阿鼻獄者願代眾生入阿鼻受諸苦痛願
第 *418*
十方墮阿鼻獄者願代入阿鼻受諸苦痛，令彼「出離地獄」願
第 *419*
十方墮阿鼻獄者願代入阿鼻受諸苦痛，令彼「值遇諸佛」願
第 *420*
十方墮阿鼻獄者願代入阿鼻受諸苦痛，令彼「咨受妙法」願
第 *421*
十方墮阿鼻獄者願代入阿鼻受諸苦痛，令彼「出離生死」願
第 *422*
十方墮阿鼻獄者願代入阿鼻受諸苦痛，令彼「入涅槃城」願
第 *423*
十方重罪墮阿鼻獄者願代眾生入阿鼻受苦並久處阿鼻願
第 *424*

十方五逆重罪墮「火炙」獄者願代眾生入「炎熱」地獄受苦願
第 425 十方五逆重罪墮「所說炙」獄者願代眾生入「大焦熱」地獄受苦願
第 426 十方五逆重罪墮「盧獦」獄者願代眾生入「叫喚」地獄受苦願
第 427 十方五逆重罪墮「摩訶盧獦」獄者願代眾生入「大叫喚」地獄受苦願
第 428 十方五逆重罪墮「逼迫」獄者願代眾生入「眾合」地獄受苦願
第 429 十方五逆重罪墮「黑繩」獄者願代眾生入「黑繩」地獄受苦願
第 430 十方五逆重罪墮「想」獄者願代眾生入「等活」地獄受苦願
第 431 十方眾生因惡業而召畜生報者願代眾生受「畜生」業報願
第 432 十方眾生因惡業而召餓鬼報者願代眾生受「餓鬼」業報願
第 433 十方眾生因惡業而召貧窮報者願代眾生受「貧窮」業報願
第 434 十方眾生因惡業而召夜叉報者願代眾生受「夜叉」業報願
第 435 十方眾生因惡業而召拘槃茶報者願代眾生受「鳩槃茶」業報願
第 436 十方眾生因惡業而召毘舍遮報者願代眾生受「毘舍遮」業報願

第437
十方眾生因惡業而召阿修羅報者願代眾生受「阿修羅」業報願
第438
十方眾生因惡業而召迦樓羅報者願代眾生受「迦樓羅」業報願
第439
十方眾生因惡業而召聾盲報者願代眾生受「聾盲」業報願
第440
十方眾生因惡業而召瘖瘂報者願代眾生受「瘖瘂」業報願
第441
十方眾生因惡業而召感百病者願代眾生受「百病」業報願
第442
十方眾生因惡業而召無手報者願代眾生受「無手」業報願
第443
十方眾生因惡業而召無腳報者願代眾生受「無腳」業報願
第444
十方眾生因惡業而召心亂報者願代眾生受「心亂」業報願
第445
十方眾生因惡業而召失念報者願代眾生受「失念」業報願
第446
十方眾生因惡業而召食噉不淨報者願代眾生受「食噉不淨」業報願
第447
十方墮阿鼻獄者願代受苦惱如眾生生前所受之「五陰」果報願
第448
十方墮阿鼻獄者願代受苦惱如眾生生前所受之「十八界」果

報願
第 *449*
十方墮阿鼻獄者願代受苦惱如眾生生前所受之「十二入」果報願
第 *450*
<u>寶海</u>之五百大願必得「十方諸佛」之證明願
第 *451*
<u>寶海</u>之五百大願必得成就故「天龍」應生感動而涕泣願
第 *452*
<u>寶海</u>之五百大願必得成就故「阿修羅」應生感動而涕泣願
第 *453*
<u>寶海</u>之五百大願必得成就故「住地眾生」應生感動而涕泣願
第 *454*
<u>寶海</u>之五百大願必得成就故「虛空眾生」應生感動而涕泣願
第 *455*
<u>寶海</u>之五百大願必得「十方諸菩薩」說偈讚歎願
第 *456*
以淨心施「身內 外諸物」給外道，而彼外道仍爲修「無上道」之助伴願
第 *457*
以淨心施「身內 外諸物」給外道，而彼外道亦「無任何罪業」願
第 *458*
修布施時有乞士對我以「軟語」我皆不起心動念願
第 *459*
修布施時有乞士對我以「惡言」我皆不起心動念願
第 *460*
修布施時有乞士對我以「輕毀呰」我皆不起心動念願
第 *461*

修布施時有乞士對我以「真實言」我皆不起心動念願
第 462 修布施時若對眾生起瞋愛心，即等同欺誑十方諸佛與永不成佛願
第 463 所修布施時皆令受施者得「無虧損」願
第 464 所修布施時若令受施者得「一毫毛之障礙」則我永不見佛願
第 465 所修布施時若令受施者得「一毫毛之障礙」則我即等同欺誑十方諸佛願
第 466 於布施「衣服」時若我不能生「歡喜淨心」則我必墮阿鼻地獄願
第 467 於布施「飲食」時若我不能生「歡喜淨心」則我必墮阿鼻地獄願
第 468 有乞士對我求索「頭目」我若生「瞋愛心」則必墮阿鼻地獄願
第 469 有乞士對我求索「髓腦」我若生「瞋愛心」則必墮阿鼻地獄願
第 470 有眾生對我欲求餘「五度」者我若生「瞋愛心」則必墮阿鼻地獄願
第 471 寶海具大悲心發五百願得「大名稱」，以「六和敬法」滿足眾生願
第 472 若我不能度眾生「解脫生死者」即等同欺誑十方諸佛與永不

成佛願
第 473 若我不能為眾生「授三乘記者」即等同欺誑十方諸佛與永不成佛願
第 474 欲令眾生安住於六度乃至眾生「只如一毛端之善根」，我亦令彼成就佛道願
第 475 若我不能令眾生安住於「三乘」而有「一人生退轉」者，即等同欺誑十方諸佛與永不成佛願
第 476 有「著袈裟僧」但曾「犯重戒」，此人能一念對三寶生敬心，若不獲三乘受記而生退轉者，即等同欺誑十方諸佛與永不成佛願
第 477 有「著袈裟僧」但曾「行邪見」，此人能一念對三寶生敬心，若不獲三乘受記而生退轉者，即等同欺誑十方諸佛與永不成佛願
第 478 有「著袈裟僧」但曾「輕毀三寶」，此人能一念對三寶生敬心，若不獲三乘受記而生退轉者，即等同欺誑十方諸佛與永不成佛願
第 479 若「天龍」能於「著袈裟僧」生恭敬供養尊重讚歎，即得不退轉於三乘願
第 480 若「鬼神」能於「著袈裟僧」生恭敬供養尊重讚歎，即得不退轉於三乘願
第 481

若「人」能於「著袈裟僧」生恭敬供養尊重讚歎,即得不退轉於三乘願
第 *482* 若「非人」能於「著袈裟僧」生恭敬供養尊重讚歎,即得不退轉於三乘願
第 *483* 若「貧窮鬼神」能得「袈裟」乃至四寸之少分,即能獲飲食充足願
第 *484* 若「下賤眾生」能得「袈裟」乃至四寸之少分,即能獲飲食充足願
第 *485* 若「餓鬼眾生」能得「袈裟」乃至四寸之少分,即能獲飲食充足願
第 *486* 若諸眾生處於共相「違逆反叛」時,能「憶念」此「袈裟功德」,即獲悲心、柔軟心、無怨心、寂滅心、調伏善心願
第 *487* 若諸眾生處於「怨賊鬥諍」時,能「憶念」此「袈裟功德」,即獲悲心、柔軟心、無怨心、寂滅心、調伏善心願
第 *488* 若天龍八部處於「共相鬥諍」時,能「憶念」此「袈裟功德」,即獲悲心、柔軟心、無怨心、寂滅心、調伏善心願
第 *489* 若處於「兵甲」眾生能持此袈裟隨身攜帶,恭敬供養,即能脫離諸難願
第 *490* 若處於「鬥訟」眾生能持此袈裟隨身攜帶,恭敬供養,即能脫離諸難願

第 491
若處於「決斷諸事」眾生能持此袈裟隨身攜帶，恭敬供養，即能脫離諸難願

第 492
若我袈裟不能成就「五種聖功德」，即等同欺誑十方諸佛與永不成佛願

第 493
若我袈裟不能成就此「五種聖功德」，即令我「退失一切善法」願

第 494
若我袈裟不能成就此「五種聖功德」，即令我不能「破壞外道」願

第 495
於無佛國土之五濁惡世，我皆以「麤惡言語」去恐怖眾生勸住三乘願

第 496
於無佛國土之五濁惡世，我皆以「斷命威脅」去恐逼眾生勸住三乘願

第 497
我捨無量「肉山」於眾生亦不生一念悔心，若此願不成，我將常墮阿鼻地獄

第 498
待我成佛願作「大龍王」示現種種無量「珍寶藏」布施於眾生願

第 499
於「無佛國土」之「五濁惡世」，我將化作「夜叉形」以「恐逼」眾生勸住三乘願

第 500
十方微塵佛其有「般涅槃」者，往昔皆經由釋迦佛所勸教度

化，未來若有成佛者，其往昔亦是受過<u>釋迦佛</u>所勸教度化願

四、《悲華經》釋迦佛五百大願解析－ 經文詳細比對

（《悲華經》與《大乘悲分陀利經》兩種經文詳細比對）

五百大願之願名	北涼・曇無讖 譯《悲華經》	秦・譯者佚 名《大乘悲分陀利經》
第 1 修行大布施之願	(寶海)我行「檀」波羅蜜時，若有眾生，世世從我乞求所須(之物)，向其所求，要當給足，「飲食、醫藥、衣服、臥具、舍宅、聚落、華香、瓔珞、塗身之香」，供給病者「醫藥」、「侍使、幢幡、寶蓋、錢財、穀帛、象馬、車乘、金銀、錢貨、真珠、琉璃、頗梨、珂貝(白珂貝螺)、璧玉、珊瑚、真寶、偽寶、天冠、拂飾」。如是等物，我於眾生，乃至(見有)貧窮，(皆)生「大悲心」，悉以施與。	(寶海)我當如是行「檀」波羅蜜。在所生處，(若)有來求者，(寶海)我當如是施之，所謂：「飲食、佉闍 (khādanīya 珂怛尼；佉陀尼；佉闍尼 嚼食，需經咀嚼而後吞食之硬食有根、莖、葉、花、果五種名「五不正食」，食後不易有飽足感)、蒲多闍(pañca-bhojanīya 蒲繕尼食；五噉食；五正食，屬於五種正食之「飯、麥豆飯、麵、肉、餅」，食後有飽足感)、螺夜(? 未詳)、梨舍(? 未詳)、衣服、臥具、園林、房舍、鬘飾、塗香(vilepana 以香塗身；塗妙香)、隨病與藥」，「幢幡、麾蓋、錢財、象馬、車乘，金銀、雜寶、摩尼、真珠、琉璃環」及「車璩、馬瑙、珊瑚、虎珀、玫瑰」并及「餘寶」。(我)悲念眾生，(故)以「歡喜」(心去布)施如是等物。
第 2 布施不求人天果	(我)雖作是(布)施，(但)不求「天上、人中」果報，但(只)	(為)度眾生故，不望(任何人天的)「果報」，(只)為「攝度」

報但爲度眾願	為「調伏攝(取)」眾生故，以是因緣，(我)捨「諸所有」。	(攝取度化)眾生故，具足施與。
第3 若遇索求「過量」之布施亦皆滿願，只爲調伏攝度眾生願	若有眾生，乞求過量(之物)，所謂「奴婢、聚落、城邑、妻子、男女、手脚、鼻舌、頭目、皮血、骨肉、身命」，乞求如是「過量」之物(時)。 爾時，(寶海)我當生「大悲心」，以此諸物，持用布施，(亦)不求「果報」，但(只)為「調伏攝(取)」眾生故。	復有眾生，求「極難捨」，我(仍)當與之，所謂：「奴婢、聚落、城邑、宮殿、王位、妻妾、男女」，及與「手、足、眼、耳、鼻、舌、皮膚、血肉、骨髓、身命」，乃至「求頭」。(我)悲念眾生，(故)以極「歡喜」(之心)如是施與，不求(任何)「果報」，(只)為攝度(攝取度化)故。
第4 我之大布施於過去未來無人能勝願	(寶藏)世尊！ (寶海)我行「檀」(dāna 布施)波羅蜜時，(有)過去菩薩(在)行「檀」波羅蜜者，所不能及(於我)。未來(若有)菩薩，當發「阿耨多羅三藐三菩提」心，(亦)行「檀」波羅蜜者，亦不能及(於我)。	我當如是行「檀」(dāna 布施)波羅蜜。(在)先(之前)未曾有菩薩，(在)行「阿耨多羅三藐三菩提」行(之時)，能如是(像我一樣)行「檀」波羅蜜者，(在之)後，亦無有菩薩(在)行「阿耨多羅三藐三菩提」行(之時)，能如是(像我一樣的)大施。
第5 未來無量劫皆行大布施而永不斷絕願	(寶藏)世尊！ (寶海)我於來世，為行「菩薩道」故，於百千億劫，當行如是「檀」波羅蜜。(寶藏)世尊！ 未來之世，若有欲行「菩薩道」者，(寶海)我當為是行「檀」	如(寶海)我在所生(之)處，(於)無量阿僧祇億「那由他」百千劫中，行「阿耨多羅三藐三菩提」行(之時)，(皆)行「檀」波羅蜜。(寶海)我當為後(世)，(若)具(有)大

	波羅蜜，令不斷絕。	悲(心)菩薩(者)，(我將爲之)安立「施眼」(布施法眼之)功德光。
第6 修行持戒願	(寶海)我初入「尸羅」(sīla 戒律)波羅蜜時，為「阿耨多羅三藐三菩提」故，持種種戒，修諸「苦行」，如(前面的)「檀」(布施)中說。	思惟「諸結」(結使煩惱)，(此)是「尸羅」(sīla 戒律)波羅蜜，我當如是行「阿耨多羅三藐三菩提」，行種種「持戒」。我行無上「難行苦行」，(皆)如前所說。
第7 修行忍辱願	(我)觀我「無我」故，「五情」(五根)不為「五塵」(色聲香味觸)所傷，此(是)「羼提」(kṣānti 忍辱)波羅蜜。(寶海)我如是行「羼提」(忍辱)波羅蜜，亦如上說。	(我)於(六塵)「境界」不「墮落」，觀我「無我」故，(此)是「羼提」(kṣānti 忍辱)波羅蜜。我當如是修行「羼提」(忍辱)，如前所說。
第8 修行精進願	觀「有為法」，離諸「過惡」(過失罪惡)。見「無為法」，(皆)微妙寂滅。(我)精勤修集，於「無上道」，不生「退轉」。此(是)「毘梨耶」(vīrya 精進)波羅蜜，(寶海)我亦如是行「毘梨耶」(精進)波羅蜜。	(我)又「厭患」(厭惡過患)諸「有為」(法)。(見)一切「無為」(法皆)「靜寂」，行「無上(道)」而不退(轉)，(此)是「毘梨耶」(vīrya 精進)波羅蜜。
第9 修行禪定願	若(於)一切處，修行「空相」，得「寂滅」法，(此是)名「禪」(dhyāna)波羅蜜。	於一切作，(皆)捨(修)行「空」(法)等，(此)是「禪那」(dhyāna)波羅蜜。
第10 修行般若願	若解諸法，本「無生」性，今則「無滅」，是名「般若」(prajñā)波羅蜜。	如性「無生」法忍，(此)是「般若」(prajñā)波羅蜜。
第11	我(當)於無量百千億阿僧	我當(以)如是(之)「堅固、勇

我堅固精勤修「般若」於過於去未來無人能勝願	祇劫，(以)「堅固、精勤」(去)修集「般若」波羅蜜。何以故？ 或有菩薩於「過去世」，不為「阿耨多羅三藐三菩提」行「菩薩道」，(不能以如是的)「堅固、精勤」(去)修集「般若」波羅蜜。 (於)「未來」之世，或有菩薩，未為「阿耨多羅三藐三菩提」行「菩薩道」，(不能以如是的)「堅固、精勤」(去)修集「般若」波羅蜜。 是故(寶海)我今當於「來世」發「阿耨多羅三藐三菩提」心，修「菩薩道」，令諸「善法」，無有斷絕。	力」，(於)「無量阿僧祇億那由他」百千劫中，行「般若」波羅蜜。 (在之)先(前)無「菩薩」，(於)行「阿耨多羅三藐三菩提」行，(能)有能如是「堅固、勇力」，(去修)行「般若」波羅蜜者。 (在往)後亦無「菩薩」，(於)行「阿耨多羅三藐三菩提」行，(能)有能如是「堅固、勇力」，(去修)行「般若」波羅蜜。 如(寶海)我(之)所行，(將)為後(世)時，(若有)具大悲(心)諸菩薩(者)，(我將為之)安立(智)慧功德(法)眼。
第 12 為諸菩薩開示大悲心與大涅槃願	(寶藏)世尊！(寶海)我初「發心」已，為未來諸菩薩等，開示「大悲」，乃至「涅槃」。(若)有得聞(寶海)我(之)「大悲」名者，(便)心生驚怪，歎「未曾有」。	我初發心，為後(世)菩薩，示現「大悲」，乃至無上「般涅槃」，彼諸菩薩(將)得「未曾有」。
第 13 不執著於六度的無功用道願	是故(寶海)我於「布施」(之時)，不自(我)「稱讚」、不依(附)「持戒」、不念(執)「忍辱」、不猗(古通「倚」→依靠)「精進」、不味(著)「諸禪」，所	是故我「不輕」(於)行「施戒」(此指在修布施、持戒時沒有任何的「輕賤我慢心」)。無依(於)「忍」、無想(於)「(精)進」、無住(於)「禪」、無著(於)

	有「智慧」，（皆）不著「三世」。（我）雖行如是「六波羅蜜」，（皆）不求「果報」。	「慧」，無「二我」（人我、法我），不求「果報」。
第 14 以精勤修集六度去救度五逆重罪者願	有諸眾生，（遠）離「聖七財」（七聖財。①信財：能信受正法②戒財：能持戒律③慚財：能自慚不造諸惡④愧財：於不善法能生羞愧⑤聞財：能多聞佛典正教⑥施財：能施捨諸物，捨離執著⑦慧財：能修習般若空性智慧），（為）諸佛世界之所擯（棄）棄，作「五逆」罪，毀壞「正法」，誹謗「賢聖」，行於「邪見」，「重惡」之罪，猶如大山，常為「邪道」之所覆蔽。 是故（實海）我今為是「眾生」，專心莊嚴，精勤（的）修集「六波羅蜜」。	眾生乏「聖七財」（七聖財 ①信財：能信受正法②戒財：能持戒律③慚財：能自慚不造諸惡④愧財：於不善法能生羞愧⑤聞財：能多聞佛典正教⑥施財：能施捨諸物，捨離執著⑦慧財：能修習般若空性智慧），（為諸佛所）捨棄，彼一切眾（被）置「無佛土」中，作「無間業」，謗「正法」，毀「賢聖」，盡皆「邪見」，集「不善根」，墜在「曠野」。 為此「邪道」所困眾生故，我以極「勇猛力」（去修）行「（六）波羅蜜」。
第 15 於十劫中願代眾生入阿鼻受諸苦痛願	（實海）我為一一眾生，（為）種「善根」故，（我願）於「十劫」中，入「阿鼻」地獄受無量苦，（亦願入）「畜生、餓鬼」（中代眾生受苦無量），及（願入）「貧窮、鬼神、卑賤人中」（代眾生受苦無量），亦復如是。	（實海我為）一一眾生所為，（為）置「善根」種故，（我願）於「十大劫」（中），能受「阿鼻地獄苦痛」，如是（亦願入）「畜生、餓鬼、夜叉」（中代眾生受苦無量），（及入）「貧窮」人中（受）貧窮，能忍斯苦。
第 16 於十劫中願代眾生入畜生受諸苦痛願		
第 17 於十劫中願代眾生入餓鬼受諸苦		

痛願		
第18 於十劫中願代眾生入貧窮受諸苦痛願		
第19 於十劫中願代眾生入鬼神受諸苦痛願		
第20 於十劫中願代眾生入卑賤人中受諸苦痛願		
第21 令無善根失念燋枯心意眾生廣種善根願	若有眾生，空無「善根」，「失念」燋(枯)心，(寶海)我悉「攝取」而調伏之，令種「善根」。	如(於)一切眾生所，置「善根」種，我當如是「攝度」(攝取度化)空倦(空虛倦憊)心意(之)燋枯眾生。
第22 不求人天享樂而久處生死度化眾生願	乃至(於)「賢劫」(bhadrakalpa 現在住劫。「現在賢劫」與「過去莊嚴劫、未來星宿劫」合稱為三劫)，於其中間，(我)終不願在「天上、人中」受諸快樂：惟除(我作)「一生」(eka-jāti-pratibaddha，菩薩之最高「等覺」菩薩位。彌勒即屬為「一生補處」之菩薩)，(需)處(於)「兜術天」，待時成佛(之時)。(寶藏)世尊！(寶海)我應如是久處(於)「生死」(中度化眾生)。	乃至(於)「賢劫」之際，我不求「人天、榮利」之福：唯除(我作)「一生補處」(eka-jāti-pratibaddha，菩薩之最高「等覺」菩薩位。彌勒即屬為「一生補處」之菩薩)，(需處)在「兜率天」，待成「菩提」(之)時。(除此之外)我於爾所，(將)時(時處於)「生死」中(度化眾生)。

第23 以微塵劫數時間 去供養諸佛願	(我將)如(以)一佛世界(之)微塵等「劫」(數的時間)，以諸所須(之物)，(去)供養諸佛，(只)為一眾生種「善根」故。	(我將)親近「佛土」微塵數諸佛。
第24 以微塵劫「供具」 去供養諸佛願	(我將)以一佛世界「微塵數」等諸「供養」具，(去)供養十方無量無邊一一諸佛。	以佛土微塵數(等)種種「供具」，(去)供養一一諸佛。
第25 於諸佛所獲得諸 善功德願	(我)亦(能)於十方無量無邊一一佛所，(獲)得「一佛世界」微塵數等「諸善功德」。	(我將)於一一佛所，得佛土「微塵數功德」。
第26 令眾生皆住無上 菩提願	(我將)於一一佛前，復得教化如「一佛世界」微塵數等「眾生」，(皆)令住(於)「無上菩提之道」。	(對於諸)佛土「微塵數眾生」，(我將)勸以「菩提」。
第27 隨眾生心意而令 住緣覺願	(所有的)「緣覺、聲聞」，亦復如是，(我將)隨諸眾生(之)所「願」而教(化之)。	(所有的)「辟支佛乘、聲聞乘」亦如是，(我將)隨其(之)所「欲」，我以如是而勸化(勸教度化)之。
第28 隨眾生心意而令 住聲聞願		
第29 若世無佛我願作 仙人令住十善與 得五神通願	若有世界，(其)佛(仍)未出世(之時)，(我)願作僊(仙)人，教諸眾生，令住「十善」，(及住於)「五神通」中，(令眾生)遠離「諸見」。	若世「無佛」，我(願化)作「仙人」，以諸善業，(度)化彼眾生，令(眾生皆能)住(五)「神通」。
第30	若有眾生事「摩醯首羅	(若有眾生)因於「邪見」，(而去)

變身大自在天「摩醯首羅」令住善法願	天」(Maheśvara 大自在天;色界天魔)，(寶海)我願化身如「摩醯首羅」，而教化之，令住善法。	奉事「摩醯首羅天」(Maheśvara 大自在天;色界天魔)者，(我)即現「摩醯首羅天」，(並)勸以「善業」。
第31 變身八臂「那羅延」毘紐天神令住善法願	(若有眾生是)事「八臂」者，(我)亦願化為「八臂天」身(Nārāyaṇa 那羅延是印度古神中之大力者;即欲界天之毘紐天神。此天多力，身為綠金色，有八臂，乘金翅鳥，手持鬥輪及種種器杖，常與阿修羅王戰爭)，而教化之，(並)令住「善法」。	(我亦願變)現「那羅延」(Nārāyaṇa 具有大力之印度古神;即欲界天之毘紐天神，此天多力，身為綠金色，有八臂，乘金翅鳥，手持鬥輪及種種器杖，常與阿修羅王戰爭)、
第32 變身日天子令住善法願	(若有眾生是)事「日、月、梵天」，(我)亦願化為「日、月、梵」身，而教化之，(並)令住「善法」。	「日、月」(candra-sūrya-deva-putra)，乃至現「梵天」形，(並)勸(這些眾生)以「善法」。
第33 變身月天子令住善法願		
第34 變身梵天身令住善法願		
第35 變身金翅鳥「迦樓羅」令住善法願	(若)有(眾生是)事「金翅鳥」(suparṇa，與迦樓羅鳥 garuḍa 同)，乃至事「兔」(śaśa)，(我)願化為「兔身」隨而教化，(並)令住「善法」。	(我願)或現「迦樓羅」(garuḍa)，(而)勸「迦樓羅鳥」修諸「善行」，乃至(我願變)現為「兔」(śaśa)形。
第36 變身兔形令住善法願		
第37 以身血肉救飢餓	若見(有)飢餓眾生，(寶海)我當以「身血肉」與之，令	(若見)「飢渴」眾生，(我則)以「身肉血」而充濟之。(我將)

眾生並代眾生受罪爲作救護願	其飽滿。若(見)有眾生，犯於「諸罪」，(我)當以「身命」，代其「受罪」，(並)爲作救護。	以「己身命」，救彼一切「急厄」眾生。
第38 爲無善根者代受生死種種苦惱願	(寶藏)世尊！未來世中，有諸眾生，離諸「善根」，燒滅「善心」。(寶海)我於爾時，爲是眾生，當勤「精進」，行菩薩道，(並墮)在「生死」中，(代)受諸苦惱。	(寶藏)世尊！我當於爾所時，以極「勇力」，修諸「難行」，爲心意「燋枯」、乏「善根」者(之眾生)。我(將)於爾時，所爲眾生故，(代眾生)受於「生死」種種「苦切」。
第39 願爲乏「聖七財」眾生廣修六度並令住於不退轉願	乃至過「一恒河沙」等「阿僧祇」劫，入「第二恒河沙」等「阿僧祇」劫後分，初入「賢劫」(bhadrakalpa 現在住劫。「現在賢劫」與「過去莊嚴劫、未來星宿劫」合稱爲三劫)(時有寶海梵志一千童子中第一位)火鬘摩納(Māṇava 儒童)成「阿耨多羅三藐三菩提」，字拘留孫如來(Krakucchanda 過去七佛的第四位)。 時(有諸眾生皆爲寶海)我所教化，(此諸眾生)離諸「善業」、行「不善業」、燒燋「善心」、離「聖七財」(七聖財。①信財：能信受正法②戒財：能持戒律③慚財：能自慚不造諸惡④愧財：於不善法能生羞愧⑤聞財：能多聞佛典正教⑥施財：能施捨諸物，捨離執著⑦慧	乃至過「一恒河沙」數「阿僧祇」，「二恒河沙」阿僧祇之餘，始入「賢劫」中，如(寶海梵志一千童子中第一位)月鬘童子成「阿耨多羅三藐三菩提」，號迦羅迦孫陀如來(Krakucchanda 過去七佛的第四位)。令(寶海)我爾時，(能)以「聖慧眼」，見於十方，各(於)千佛土微塵數世界中，已轉法輪(之)「現在住世」諸佛世尊，(此現在住世之諸佛乃是)是我(早)先所勸化(勸教度化之者)。 (當時有諸眾生)心意燋枯、集「不善根」、乏「聖七財」(七聖財。①信財：能信受正法②戒財：能持戒律③慚財：能自慚不造諸惡④愧財：於不善法能生羞愧⑤聞財：能多

	財:能修習般若空性智慧)、作「五逆」罪、毀壞「正法」、誹謗「聖人」、行於「邪見」、「重惡」之罪,猶如大山,常為「邪道」之所覆蔽,(於)「無佛」世界(中)所(被)棄捐者,(我皆)令發「阿耨多羅三藐三菩提」心。(我皆令諸眾生)行「檀」波羅蜜,乃至(令)行「般若」波羅蜜,(並令眾生)安止住於「不退轉」地,(最終)皆令「成佛」。	聞佛典正教⑥施財:能施捨諸物,捨離執著⑦慧財:能修習般若空性智慧),為一切(諸佛)所棄,在空(無)佛土,作「無間業」、誹謗「正法」、非(古通「誹」➔誹謗)毀「賢聖」,乃至「邪道」所困,處「大曠野」者我(早)先(已)為「彼眾生」讚歎「阿耨多羅三藐三菩提」,(皆)勸(彼眾生)以「阿耨多羅三藐三菩提」,令住其中者。「彼眾生」(皆)是我(早)先所勸化(勸教度化),(我皆令彼眾生)住「檀」波羅蜜,乃至(住於)「般若」波羅蜜者。
第 40 能見曾被我度化而成佛者願	(我所度化的眾生)在於十方,如一佛土「微塵數」等諸佛世界,(皆已成佛已)轉「正法輪」,(已)令諸眾生於「阿耨多羅三藐三菩提」,種諸「善根」,出離「惡道」,安止得住(於)「功德、智慧」(之)「助菩提法」者,願(寶海)我爾時,悉得「見」之。	「彼眾生」(皆)是我(早先安置(於)「無上涅槃」,(令)「善根」種者,(此皆是我)拔出「惡趣」者,(並)使立具「智慧、福德」。
第 41 勸教度化無量眾生得「陀羅尼、三昧、忍辱」乃至成	(寶藏)世尊!若有諸佛(於)在在處處,(能)遣「諸眾生」,至於佛所,(令)受「阿耨多羅三藐三菩提」記,	(諸佛能遣諸眾生)將至「現在住世」諸佛世尊所,(令這些眾生)得授「阿耨多羅三藐三菩提」記者,(令)得「三

佛願	令得「陀羅尼、三昧、忍辱」，即得次第上「菩薩位」，得於種種莊嚴世界，各各悉得，隨意所求，取「淨佛土」。如是眾生，悉是(寶海)我(早先)之所勸化(勸教度化)者。	昧、陀羅尼、忍辱」者，(即)得「登地」者。彼(諸)眾生(皆)是我(早)先所勸化(勸教度化)，教使「立願」，取「莊嚴」佛土，(皆)隨彼所欲，取「莊嚴佛土」者。
第42 能得見賢劫已成佛之諸佛願	(寶海我於當時便)入「賢劫」中，(於)拘留孫佛(Krakucchanda 過去七佛的第四位)出世之時，如是等眾(生)，亦於十方如微塵等諸佛世界，(早已)成「阿耨多羅三藐三菩提」，(所有)在在處處「住世」(之諸佛)說法(之時)，亦令我(能得)見。	(寶海)我爾時始入「賢劫」，(於)迦羅迦孫陀(Krakucchanda 過去七佛的第四位)聖日出時，令我(能得)見於十方各「千佛土」，(於)微塵數世界中，「現在住世」為眾生說法(之)諸佛世尊。
第43 以諸「供具」供養拘留孫佛願	(寶藏)世尊！(待)拘留孫佛(Krakucchanda 過去七佛的第四位)成佛之時，(寶海)我至其所，以諸「供具」而供養之。	(待)迦羅迦孫陀如來(Krakucchanda 過去七佛的第四位)應供 正遍知，成佛未久，我當往詣其所，以種種「供具」而供養之。
第44 向拘留孫佛請法願	(我將向拘留孫佛以)種種諮問(有關)「出家」之法，持「清淨戒」、廣學「多聞」、專修「三昧」、勤行「精進」、說「微妙法」；唯除「如來」(以外)，餘無(有人)能(比我更殊)勝。	(我將向拘留孫佛以)諮請問難「出家、修戒、多聞、三昧、說法第一」(等諸法義)，唯除「如來」(以外，其餘沒有人將比我更殊勝)。
第45	是時，或(於拘留孫佛之時)有	於彼(拘留孫佛之)時，(有)心

能調伏於<u>拘留孫</u>佛時具鈍根重罪願	「鈍根」眾生，無諸「善根」，墮在「邪見」，行「不正道」，作「五逆」罪，毀壞「正法」，誹謗「聖賢」，「重惡」之罪，猶如大山，_(實海)我時當為如是眾生，說於「正法」，攝取調伏。	意「燋枯」眾生，集「不善根」、沒「邪見道」、作「無間業」，乃至「邪道」所困「曠野」眾生，我當「攝度」_(攝取度化)而為說法。
第 46 於<u>拘留孫</u>佛滅度後繼作佛事願	_(待拘留孫)佛日沒已，_(實海)我於其後，自然當作無量「佛事」。_(後面相繼還有)<u>伽那迦牟尼</u>(Kanakamuni 過去七佛的第五位)、<u>迦葉佛</u>(Kāśyapa 過去七佛的第六位)等_(亦會)住世說法，乃至自然，_(我亦將廣)作於「佛事」，亦復如是。	_(待拘留孫佛之)聖日沒後，我當具作「佛事」，如是_{(相繼}還有)<u>迦那迦牟尼</u>_{(Kanakamuni 過去七佛的第五位)、}<u>迦葉</u>(Kāśyapa 過去七佛的第六位)成佛未久，_(我將)往至其所_(這些已成佛之如來處所)，乃至具作「佛事」。
第 47 以諸「供具」供養<u>伽那迦牟尼</u>佛願		
第 48 向<u>伽那迦牟尼</u>佛請法願		
第 49 能調伏於<u>伽那迦牟尼</u>佛時具鈍根重罪願		
第 50 於<u>伽那迦牟尼</u>佛滅度後繼作佛事願		
第 51 以諸「供具」供養<u>迦葉</u>佛願		
第 52 向<u>迦葉</u>佛請法願		

第53 能調伏於迦葉佛時具鈍根重罪願		
第54 於迦葉佛滅度後繼作佛事願		
第55 於人壽千歲仍勸眾生住「三福」願	乃至(於)人壽千歲，(寶海)我於爾時，勸諸眾生，(應住)於「三福」(布施世福、持律戒福、眾善修福)處。	展轉乃至(於)「千歲」(之)世人，(我將)以「三福」(布施世福、持律戒福、眾善修福)地，安立眾生。
第56 生天講法利眾願	(待)過「千歲」已，(寶海我將)上生「天上」，為諸「天人」，講說「正法」，令得調伏。	過是(千年)已(之後)，(寶海我將)往上生「天上」，為「天」說法，而攝度(攝取度化)之。
第57 從兜率下生轉輪王家度眾願	(寶藏)世尊！願(寶海)我爾時，從「兜術天」，下生(至)最(殊)勝(之)「轉輪王」家若(或)「自在王」家，處在「第一大夫人」(之)胎(中)，(仍)為諸眾生「調伏」其心，修「善根」故。	爾時我當從「兜率天」下，為度眾生，(為令成)熟(眾生)善根故，(我)於最妙(之)「轉輪王」(為)種，(於)「第一夫人」(之)腹中「受胎」而住。
第58 入胎即放光願	尋「入胎」時，放大光明，其光微妙，遍照娑婆世界，從「金剛際」(kāñcana-maṇḍala 金性地輪；地輪；金剛輪；以金剛鋪成之地表。金輪之最下端稱為金輪際)，上至「阿迦尼吒天」(Akaniṣṭha-deva 色究竟天)。	我當爾時，放「淨光明」，遍照娑訶佛土，上至「阿迦尼吒天」(Akaniṣṭha-deva 色究竟天)，下至「金輪際」(kāñcana-maṇḍala 金性地輪；地輪；金剛輪；以金剛鋪成之地表。金輪之最下端稱為金輪際)，妙光周遍。

第59 令三界眾生見我入胎光明願	令彼所有諸眾生等,若在「地獄」、若在「畜生」、若在「餓鬼」、若在「天上」、若在「人中」、若「有色」、若「無色」、若「有想」、若「無想」、若「非有想」、若「非無想」,悉願見我(入胎時所發生的)「微妙光明」。	爾時眾生,生娑訶佛剎者,或在「地獄」、或為「畜生」、或為「餓鬼」、或生「天上」、或生「人中」,在「色界」、「無色界」、「想、無想」、「非想非非想」處,令彼一切見斯(我入胎時所發生的)「光明」。
第60 光明觸身能種涅槃根願	若(此)光(明)觸「身」,亦願得知。(眾生)以見知「光」故,悉得分別「生死過患」,(能)勤求無上「寂滅涅槃」,乃至「一念」(能)斷諸煩惱,是名令諸眾生「初種涅槃」之根栽也。	(此光明只要)覺觸其「身」,(能)令彼一切(眾生),厭「生死苦」,樂求「涅槃」,乃至住「滅結(結使煩惱)心」,是(名)「初種涅槃道」(之)種。
第61 處胎即獲「無生空三昧門」願	願(寶海)我處胎,於「十月」中,得選擇「一切法」、入「一切法門」,所謂「無生空三昧門」。於未來世無量劫中,說此「(無生空)三昧」(之)「善決定心」,(乃)不可得盡。	我當受「一切法決定」三昧,(得)受「一意法門」三昧心,(在我於)十月住「母腹」中。
第62 能見我處胎與出胎願	若(寶海)我「出胎」,成「阿耨多羅三藐三菩提」已,彼諸眾生,我當拔出,令離「生死」,如是等眾,悉令「見我」(的處胎與出胎之相)。	又我得佛,(能讓)眾生「厭離生死」,(此皆是)我所「應度」者。(我能)令彼眾生於「十月」中,見我在(在胎與出)胎(之相)。
第63 雖處母胎卻住於	(我)雖處「母胎」,滿足「十月」,然其實是住(於)「珍寶	(我在胎中是)結「加趺坐」,心入「三昧」,如「摩尼」現。

「珍寶三昧」願	三昧」，結「加趺坐」，正受思惟。	
第64 右脅出胎天地六動願	(待)十月滿已，(我)從右脅出，以「一切功德成就三昧力」故，(能)令娑婆世界，從「金剛際」(kāñcana-maṇḍala 金性地輪；地輪；金剛輪；以金剛鋪成之地表。金輪之最下端稱爲金輪際)，上至「阿迦尼吒天」(Akaniṣṭha-deva 色究竟天)，(感召)六種震動。	(我將)滿「十月」生時，(我將)以「集一切福德三昧」，(令世界有)六種震動，一切娑訶佛土，上至「阿迦尼吒天」(Akaniṣṭha-deva 色究竟天)，下至「金輪際」(kāñcana-maṇḍala 金性地輪；地輪；金剛輪；以金剛鋪成之地表。金輪之最下端稱爲金輪際)，皆悉「震動」。
第65 出胎令眾生得覺悟願	其中眾生，或處「地獄、畜生、餓鬼、天上、人中」(之者)，(皆因我的出胎之相，大地震動之相，因此)悉得惺(古通「醒」)悟。	彼時眾生，生娑訶佛土者，或在「地獄」，乃至「人中」，(皆)悉(被我的出胎之相，大地震動之相給)覺悟之。
第66 出胎光明能遍照願	爾時(我於「出胎」之時)，復有以「微妙光明」，遍照娑婆世界。	我當從母「右脅」而出(時)，又(能)以「妙光」普照娑訶佛剎，無不周遍。
第67 出胎光明能覺醒眾生願	(此光明)亦(能)得惺(古通「醒」)悟無量眾生。	爾時(之出胎光明)亦復(能)「覺悟」娑訶佛土一切眾生。
第68 出胎後能令眾生得「三昧耶」願	若有眾生，(仍)未種善根(者)，(寶海)我當安止(彼諸眾生)，令種「善根」；(又能)於(已種)「涅槃」中，(已經)種善根已，(並)令諸眾生，(皆)生「三昧芽」(samaya 三昧耶；時；一致；平等；本誓)。	(我能)於未種「善根」(之)眾生所，(令)著「涅槃種」；(又能)於已種「涅槃種」(之)眾生，生「誓願」(samaya 三昧耶；時；一致；平等；本誓)到。

第69 出胎蹈地能讓天地六動願	(寶海)我出「右脇」，足「蹈地」時，復願娑婆世界，從「金剛際」(kāñcana-maṇḍala 金性地輪；地輪；金剛輪；以金剛鋪成之地表。金輪之最下端稱爲金輪際)，上至「阿迦尼吒天」(Akaniṣṭha-deva 色究竟天)，六種震動。	若(寶海)我足「蹈地」時，(皆能)令此娑訶佛土，(發生)六種震動，岠峨(《一切經音義·卷九》云 傾側搖動不安)涌沒，乃至「金輪際」(kāñcana-maṇḍala 金性地輪；地輪；金剛輪；以金剛鋪成之地表。金輪之最下端稱爲金輪際)。
第70 四生五道能得覺悟願	所有眾生依「水」、依「地」、依於「虛空」，「胎生、卵生、濕生、化生」，(所有處)在「五道」(中)者，悉(能)得惺(古通「醒」)悟	爾時眾生，有依「水」、依「地」、依「空」、依「四生處」(胎生、卵生、濕生、化生)、依止「五趣」(之者)，我當覺(悟)之
第71 令眾生得「三昧」與住三乘願	若有眾生，未得「三昧」(samaya 一致；平等；本誓)，願皆得之：(己)得「三昧」已，(則)安止令住(於)「三乘」法中，「不退轉」地。	有眾生未生「誓願牙」(samaya 一致；平等；本誓)者，當令生：已生「誓願牙」者，(則)令住(於)「三乘」，得「不退轉」。
第72 獲諸天眾生等供養我願	(寶海)我既(誕)生已，於娑婆世界所有「諸天、梵王、魔天(「波旬」通常指欲界第六天魔，稱爲「他化自在天魔」。欲界第六天除了有「天人」在此住外，還有另一個魔宮是處在「欲界、色界初禪天」之間，專由「他化自在天魔」所住)、忉利諸天」，及「日月天、四天王、諸大龍王、乾闥婆、阿修羅、迦樓羅、緊那羅、摩睺羅伽(mahoraga 大蟒神)、	令我(誕)生時，娑訶佛土(所有的)「大梵魔王、帝釋、日月護世諸天、龍王、阿修羅、化生大威德、夜叉、羅刹、龍、修羅」，令彼一切(皆)來「供養」(寶海)我。

	化生神儒(仙)、夜叉、羅剎」，悉令盡來共「供養」(寶海)我。	
第73 出胎即行七步願	令(寶海)我生已，尋行「七步」。	令我適生，即行「七步」。
第74 出胎後即能以「選擇功德三昧力」講正法願	行七步已，以「選擇功德三昧力」故，說於「正法」。令諸大眾，心生「歡喜」，住於「三乘」。	我以「集一切福德三昧」，如是說法。令彼大眾，得住「三乘」。
第75 有求聲聞者令得「一生補處」願	於此眾中，若有眾生(願)學「聲聞」者，願(彼人)盡此(獲)「生」(此處即指 eka-jāti-pratibaddha，菩薩之最高「等覺」菩薩位。彌勒即屬爲「一生補處」之菩薩)，便得「調伏」。	其大眾中(若有)求「聲聞乘」者，(則)令住「最後身」(eka-jāti-pratibaddha，菩薩之最高「等覺」菩薩位。彌勒即屬爲「一生補處」之菩薩)，我當度(化)之。
第76 有求緣覺者令得「日華忍辱」願	若有(願)習學「緣覺乘」者，(令彼人)一切皆得「日華忍辱」。	其有眾生，(願)求「辟支佛乘」者，(則)令彼一切得「顯明花忍」。
第77 有求大乘者令得「執持金剛愛護大海三昧」願	(若)有(願)學「大乘」者，皆得「執持金剛愛護大海三昧」，以(此)「三昧力」故，(能)超過「三住」。	其有眾生，(願)求無上「大乘」者，(則)令彼一切得「金剛持海不動三昧」，以是「三昧」，(能)得登「三地」。
第78 出胎後有最勝龍王來爲我洗身願	(寶海)我於(誕生)爾時，悕求洗浴，願有最(殊)勝「大龍王」，來「洗浴」我身。	(若)我欲「浴」時，令其中最(殊)勝「龍王」，彼來「浴」我。
第79 眾生若見我被龍王洗身即得住於三乘願	眾生(若)見(我被龍王洗浴)者，即住「三乘」，所得功德，(皆)如上所說。	其有眾生，見我(被龍王洗)浴者，(則能)令彼一切，於「三乘」(中)獲如是「德」，(皆)如前所說。

第80 我當童子乘羊車時能覺悟眾生願	(寶海)我為童子(時)，(於)乘「羊車」時，所可(所有可以)示現(的)種種「伎術」，(皆)為(能覺)悟一切「諸眾生」故。	其有眾生，(若)見我「乘者」，略說，為童子(時之)「遊戲」，乃(至所作的)種種業(行)，(皆能)示教(開示教誨)眾生。
第81 我當童子遊戲時能覺悟眾生願		
第82 我當童子之種種業行皆能覺悟眾生願		
第83 以「一切功德成就三昧力」爲眾生說三乘法願	眾生見我，處於「菩提樹」下，皆悉發願(住於正法)。欲令我速以「一切功德成就三昧力」，說「三乘」法。(若能)聞是法已，(則)於「三乘」中生「深重」，欲勤行精進。	有眾生見我，詣「菩提樹」者。我當以「集一切福德三昧」，為彼眾生說如是法，令彼一切勤求「三乘」。
第84 若有已發聲聞乘者必得「一生補處」願	若有(眾生)已發「聲聞乘」者，(則)令脫「煩惱」，要(住於)「一生」(eka-jāti-pratibaddha，菩薩之最高「等覺」菩薩位。彌勒即屬為「一生補處」之菩薩)在當於我(之處)所，而得調伏。	其有眾生殖「聲聞」種，(則)令彼眾生一切「結」(結使煩惱)熟(此喻將煩惱煮到爛熟)，(直到)住「最後身」(eka-jāti-pratibaddha，菩薩之最高「等覺」菩薩位。彌勒即屬為「一生補處」之菩薩)，(全部都)從我(而獲)得度。
第85 若有已發緣覺乘者必得「日華忍辱」願	若(眾生)有已發「緣覺乘」者，皆悉令得「日華忍辱」。	其有眾生，求「辟支佛乘」者，令彼一切得「顯明花忍」。

第86 若有已發大乘者 必得「執持金剛愛 護大海三昧」願	若(眾生)有已發「大乘」之者，皆得執持金剛愛護大海三昧，以(此)「三昧力」故，(能)超過「四地」。	有殖大乘種者，令彼一切得金剛持海不動三昧，以是「三昧」，(能)得登「三地」。
第87 我於菩提樹下能 入「阿頗三昧」不 動禪定願	我自「受草」於菩提樹下，敷「金剛座」處，結「加趺坐」。身心正直，繫念在於阿頗三昧(āsphānaka 阿頗那迦定；阿娑頗那；不可動)。	我當手自「執草」(於)菩提樹下，敷「金剛座」，於彼座上，結「加趺坐」。端身正意，我當如是入不動禪(āsphānaka 阿頗那迦定；阿娑頗那；不可動)。
第88 我入「阿頗三昧」 不動禪定後可施 半麻半米於他人 願	以(此阿頗)「三昧力」故，令「入出息」，(皆)停住寂靜，(又)於此(此阿頗三昧)定中，(能)一日一夜，(只需)日食「半麻、半米」，以其「餘半」，(則)持施他人。	滅「出入息」，日日一從禪起，(只需)食半「胡麻」，(另一)半以施人。
第89 諸天聞我苦行皆 來供養我願	我如是久遠修集「苦行」，(於)娑婆世界，上至「阿迦尼吒」(Akaniṣṭha-deva 色究竟天)，(只要)聞「我名」者，皆(悉)到我所，「供養」於(寶海)我。	我當爾所時，行是「苦行」，今乃(上)至「阿迦尼吒」(Akaniṣṭha-deva 色究竟天)際，(下則)依(於)娑訶佛土，一切「諸天」(皆)來「供養」(寶海)我。
第90 諸天大眾等皆來 證我之苦行願	(寶海)我如是「苦行」，如是等眾，悉當為我而作「證明」。	令彼一切，(皆)證我(之)「苦行」。
第91 有求聲聞者由我 度彼至「一生補 處」願	若有眾生於「聲聞乘」種善根者，(寶藏)世尊！(我)願令是(聲聞乘)等(人)，於諸煩惱，(令)心得「寂靜」。若	其(眾生)有求「聲聞乘」者，(寶藏)世尊！(我願)令彼(聲聞乘之)諸「結」(結使煩惱)，皆悉除滅，(最終能)住「最後

	(欲證最後之)餘「一生」(eka-jāti-pratibaddha,菩薩之最高「等覺」菩薩位。彌勒即屬爲「一生補處」之菩薩),要至我所,(寶海)我當調伏。	身」(eka-jāti-pratibaddha,菩薩之最高「等覺」菩薩位。彌勒即屬爲「一生補處」之菩薩),(一切皆)從我得度。
第 92 有求緣覺者由我度彼得「日華忍辱」願	(若有眾生於)緣覺(種善根者)、(若有眾生於)大乘(種善根者),亦復如是。(指能令此二類根器者亦獲「心得寂靜」之境。若習「緣覺」者,最終獲得「日華忍辱」境。能令習「大乘」者,最終獲得「執持金剛愛護大海三昧」境)	(若眾生)有求「辟支佛乘」者,乃至如前所說。(指能令此二類根器者亦獲「心得寂靜」之境。若習「緣覺」者,最終獲得「日華忍辱」境。能令習「大乘」者,最終獲得「執持金剛愛護大海三昧」境)
第 93 有求大乘者由我度彼獲「執持金剛愛護大海三昧」願		
第 94 諸天龍八部等大眾皆來證明我之苦行願	若有「諸龍、鬼神、乾闥婆、阿修羅、迦樓羅、緊那羅、摩睺羅伽(mahoraga 大蟒神)、餓鬼、毘舍遮、五通神僊(仙)」,來至我所,供養於(寶海)我。(寶海)我如是「苦行」,是等眾生皆爲「證明」。	如是「龍、夜叉、乾闥婆、阿修羅、迦樓羅、緊那羅、摩睺羅伽(mahoraga 大蟒神)、餓鬼、毘舍遮、鳩槃荼(Kumbhāṇḍa)、五通仙人」,如是等來「供養」我,令彼一切「證」我(之)苦行。
第 95 外道見我苦行而改歸依於佛門願	(寶藏)世尊!願是諸(外道眾)人,(皆能)捨其所修(之苦行),悉來我(之處)所,觀我(之)「苦行」。或有(外道諸)眾生,已學「聲聞」,乃至「大乘」,亦復如是。	令彼(外道眾等)一切捨(其)難(行之)「苦行」,盡來見我(之)「苦行」者。(若諸外道)有殖「聲聞乘」種者,乃至如前所說。
第 96 國王大臣貴賤者	若有「諸王、大臣、人民、在家、出家」(者),一切見	若有「人王、群臣、百官」,及餘「庶民、在家、事家

見我苦行而行供養願	我行是「苦行」，(皆)來至我(之處)所，供養於我。或有已學「聲聞、緣覺、大乘」(者之「諸王、大臣、人民、在家、出家」)，亦復如是。	業」者，令彼一切來至我所，見我苦行。(若「諸王、大臣、人民、在家、出家」)有求「聲聞乘」者，(亦)如前所說。
第97 女人見我苦行不再受女身願	若有「女人」見我(之)苦行，來至我所，「供養」於我，是諸女人所受(之)「身分」，即是「後身」(此生受女人身之最後一次)。若有已學「聲聞、緣覺、大乘」(者之女人)，亦復如是。	若有「女人」來見我者，令是「最後女身」(此生受女人身之最後一次)，更不復受。(若諸女人)有求「聲聞乘」者，(亦)如前所說。
第98 禽獸見我苦行不再受畜生身願	若有諸「禽獸」，見我(之)苦行，亦至我所，是諸禽獸，於此「命終」，更不復(再)受「畜生」之身。	若有「禽獸」，見我坐修苦行者，令(彼將是)「最後」(的)畜(生)身，(來世)更不復受有「禽獸」。
第99 禽獸若具聲聞乘根器者由我度化不再受生願	若(諸禽獸)有已發「聲聞乘」者，(則所剩)餘(禽獸業報的最後)「一生」(尚)在，要至我(之處)所，而(獲)得調伏。	(諸禽獸若有)殖「聲聞乘」種者，令更(禽獸業報的最後)「一生」，(皆)從我(獲)得度。
第100 禽獸若具緣覺乘根器者由我度化不再受生願	若(諸禽獸)有已發「緣覺心」者，亦復如是(指可獲得此生最後一次的業報)。	(諸禽獸若有)有求「辟支佛乘」者，如前所說(指可獲得此生最後一次的業報)。
第101 一切微細小蟲皆由我度化不再受生願	乃至「微細小蟲、餓鬼」亦如是。	(乃至)種種「畜生」，作如是說，「餓鬼」亦如是說。
第102		

一切餓鬼皆由我度化不再受生願		
第103 有無量眾生證明我之苦行願	(實海)我如是久遠「苦行」，(當我)一結「加趺」坐時，(便)有百千億「那由他」等無量眾生為(實海)我證明，如是(此類)眾生已於無量無邊「阿僧祇」劫，(早已)種解脫(種)子。	我當於爾所時，行如是「苦行」，(當我)一結「加趺」坐，(便能)令多億「那由他」百千眾生，(同來)證我(之)「苦行」，(能)得「未曾有」(之境)，(如是諸眾生早已)於彼所，(廣)種無量「阿僧祇」(之)「解脫」種(子)。
第104 我之苦行皆勝過去願	(實藏)世尊！(實海)我如是(之)「苦行」，「過去」眾生，未曾有能作如是(之)行。及餘「外道、聲聞、緣覺、大乘」之人，亦無有能作如是(之)「苦行」。	我當如是修行「苦行」，「先」(過去)無眾生(之)數，(例如)「異學(外道)、聲聞乘、辟支佛乘、無上大乘」，能行(像我一樣)如是(之)苦行者。
第105 我之苦行皆勝未來願	(實藏)世尊！(實海)我如是(之)「苦行」，「未來」眾生亦無能作(如是之苦行)，及餘「外道、聲聞、緣覺、大乘」之人，亦無能作如是(之)「苦行」。	「後」(未來)亦無有眾生(之)數，(例如)「異學」(外道)乃至「大乘」，能行(與我一樣)如是(之)苦行，如我(之)所行。
第106 未成佛道即能降魔王及眷屬願	(實海)我未成「阿耨多羅三藐三菩提」時，已能作「大事」，所謂破壞「魔王」，及其眷屬。	(在)我未逮(至)「阿耨多羅三藐三菩提」(之時)，(即能)作「丈夫」行，降「魔官屬」。
第107 能破煩惱魔而成菩提願	(實海)我願破「煩惱魔」，成「阿耨多羅三藐三菩提」已。	留「餘業報」，破「結使(煩惱)魔」，成「阿耨多羅三藐三菩提」。

第*108* 能令乃至一眾生 獲阿羅漢妙果，現 生只剩殘業報身 願	(我能)為一眾生，(能)安住 (於)「阿羅漢」(之)勝妙果 中，隨爾所時(所在當時)，(這 些眾生)現(在只)受「殘業」(殘 餘業力下之)報身(而已)。	於其中，我當令一眾生 (皆)得「阿羅漢」。
第*109* 能令一切眾生獲 阿羅漢妙果，現生 只剩殘業報身願	如是(再為)第二眾生(說法)， (亦令)安住「阿羅漢」，(為)第 三、第四(眾生說法)，亦復如 是。	如是(再)為(第)二(位眾生說 法)法，(令)得「阿羅漢」，如 是(再為)「第三、第四」(眾生) 說法，(皆令)得「阿羅漢」。
第*110* 以百千無量神通 令眾生安住於正 見願	(寶海)我為一一眾生故，示 現百千無量(之)神足(神通 具足)，欲令(眾生)安住(於) 「正見」之中。	我當為二「眾生」故，現百 千「神通」，(皆)令住(於)「正 見」。
第*111* 能隨眾根機說法 令住聖果願	為一一眾生故，說百千無 量「法門」義，隨其所堪(根 機所能堪受)，令住「聖果」。	(我能)說多千法(門)，文義 具足，隨(眾生)所住(之)果 (位根器而予以說法)。
第*112* 以金剛智慧破眾 生煩惱並說三乘 願	(我將)以「金剛智慧」，破一 切眾生(之)諸「煩惱山」，為 諸眾生說「三乘」法。	眾生「結」(結使煩惱)山，猶 如「金剛」，我要當以「金 剛慧杵」而破壞之，(並為) 說「三乘」法。
第*113* 不以神力而步涉 百千由旬只為眾 生說法令住「無所 畏」願	(我願)為一一眾生故，(越) 過百千「由旬」，不(依)乘(自 己的)神力，(以徒步方式)往至 其所，而為說法，令得安 住(於)「無所畏」中。	(我願)為一一眾生故，「步 步」(行至)多百「由旬」(之遠)， 而為說法，(並)置(眾生於) 「無畏」道(中)。
第*114* 若有眾生欲出家 修行即永無諸障 礙願	或有諸人，於我法中，欲 出家者，願無「障閡」(障 礙隔閡)，所謂「羸劣、失念、 狂亂、憍慢」，無有「畏懼」，	令(於)我法(中)「出家」，無 有「遮礙、羸瘦、少力、 荒忘、狂心、剛強、傲慢、 無慧、多結(結使煩惱)、煩惱

	癡無智慧、多諸「結使」(煩惱)，其心散亂。	亂心」。
第115 若有女人出家即能受大戒願	若有「女人」，欲於我法，「出家」學道，(欲)受「大戒」者，成就大願。	及與「女人」，令(於)我法「出家」，(能)得受「具足」(比丘尼大戒)。
第116 我之四眾弟子皆能獲供養願	我(所擁有的)諸四眾，「比丘、比丘尼、優婆塞、優婆夷」，(皆)悉(能)得(大眾之)供養。	令我有四眾，「比丘、比丘尼、優婆塞、優婆夷」，令我法中有(四眾弟子之)多耶！
第117 天人鬼神類亦能得「四聖諦」願	願諸「天人」，及諸「鬼神」，(皆)得「四聖諦」。	若令(諸)天(皆以得)「見諦」(指四聖諦)。
第118 天龍八部及畜生等亦能得八戒修梵行願	(願)「諸龍、阿修羅」，及餘「畜生」，(皆能)受持「八戒」，修淨「梵行」。	(願)「夜叉、龍、阿修羅」，(皆)具「八聖」(此處應指「八聖戒：聖八分戒」，而非指「八正道」)分齊(大小粗細分類的界限)，乃至「畜生」，(亦)令修「梵行」。
第119 眾生若對我殘害修忍辱願	(寶藏)世尊！(寶海)我成「阿耨多羅三藐三菩提」已，若有眾生，於我生「瞋」，或以「刀杖、火坑」，及餘種種，欲殘害我。	(寶藏)世尊！我逮「菩提」已，有眾生於我(以種種)「惡心、害心」，若「刀、火、石」，若以種種「器仗」，來至我所。
第120 眾生對我惡言罵詈誹謗修忍辱願	或以「惡言、誹謗、罵詈」，(於)遍十方界，而作「輕毀」。	(或)麤言、罵辱，又於十方，(遍作種種)誹謗、揚惡(諸事)。
第121 眾生施毒食於我悉能容受直至成阿耨菩提為止願	若持「毒食」，以用飯(布施於)我，如是(這種我遭受)「殘業」(殘餘業力之果報)，我悉(忍)受之，(直至)成「阿耨多羅	(或)雜「毒飲食」，而用(以布施)(於)我，我當如是(忍受之)，(並)留(此)「殘業」果(殘餘業力之果報)，(直至)成「阿耨

	三藐三菩提」。	多羅三藐三菩提」。
第122 以「戒多聞三昧」 度化宿世怨賊願	往昔（我之）所有「怨賊」眾生，（對我生）起於「害心」，（以）種種「惡言」，以雜「毒食」，（甚至）出我「身血」。如是等人，悉以「惡心」，來至我所。 （寶海）我當以「戒多聞三昧」，（並以）「大悲」薰心，（及以）「梵音」妙聲而為說法。	我逮「菩提」已，眾生於我，先（往昔）有「怨嫌」，（或）執持殺具，（或）種種器仗，（或）麤言罵辱，雜「毒飲食」，來至我所，（甚至）出我身血。 我（將）以「大悲」梵柔軟音，猶如鍾皼、雷震之聲，為彼眾生說如是法，（如）「戒聞三昧」及與（眾生）「淨心」。
第123 令宿世怨賊生懺悔與「業盡」能得生天上與人中願	令彼（怨賊眾生）聞已，心生清淨，住於「善法」，所作「惡業」，尋便「懺悔」，更不復作。悉令得生「天上、人中」，無有障閡⁓（障礙隔閡）。	令彼（怨仇）眾生，得住於「善」，改悔惡業，逮具「淨戒」。
第124 令宿世怨賊「業盡」後生天能住「勝果」願	（若）生「天人」中，得妙解脫，安住「勝果」，離諸「欲惡」，永斷諸流，障閡⁓（障礙隔閡）業盡。	令彼（怨仇）眾生無失「解脫果」，（得）離欲「漏盡」（一切的）障礙業報。
第125 能滅眾生所餘之「殘業」果報願	若諸眾生，（尚）有「殘業」（殘餘業力之果報）者，（我）皆悉得（滅）盡，（令諸惡業）無有「遺餘」。	我於是（滅）盡（彼眾生）所留（之）「業果」（業力果報）。
第126 我成菩提後身之毛孔日日出「化佛」具裝嚴願	（寶海）世尊！（寶海）我成「阿耨多羅三藐三菩提」已，一切所有（我）身（之）諸「毛孔」，日日常有諸「化佛」	（寶藏）世尊！我逮菩提已，隨身毛孔之數，（每）日現爾所「化佛」，皆具「三十二大人之相、八十種好」。

	出，(具)「三十二相」(及種種)瓔珞其身，(有)「八十種好」次第莊嚴。	
第127 我身毛孔所出之化佛能至無佛世界度眾願	(寶海)我當遣(由我身上毛孔所變出的「化佛」)至「無佛」世界、「有佛」世界，及「五濁」界。	我當遣彼(由我身上毛孔所變出的)「化佛」至空(無)佛剎(指無佛世界處)，又遣至「不空」處(指有佛世界處)，亦復遣至「五濁佛剎」。
第128 我身毛孔所出之化佛能至有佛世界度眾願		
第129 我身毛孔所出之化佛能至五濁世界度眾願		
第130 我身之化佛能於一日說法度五逆重罪願	若彼世界(中)有「五逆」人，毀壞「正法」，誹謗「聖人」，乃至斷諸「善根」(者)。 (若)有學「聲聞、緣覺、大乘」(者)，(但又)毀破「諸戒」，墮於「大罪」，燒滅「善心」，滅失「善道」，墮在「生死」空曠澤中，行諸「邪道」，登涉「罪山」(者)。 如是眾生(有)百千萬億(數之多)，一一(由我身上毛孔所變出的)「化佛」，(能於)一日之中，遍為說法。	彼諸國中眾生，(若有)造「無間業」、謗「正法」，毀賢聖，乃至集「不善根」(者)。 其中(眾生)有求「聲聞乘」者、求「緣覺乘」者、求「大乘」者，(但又)於「戒」缺漏，「威儀」不具，犯於「根罪」，心意燋枯，違失「善道」，墜「生死」曠野，為「邪道」所困，沒在「曠野」(者)。 (我將)令一一(由我身上毛孔所變出的)「化佛」，(每)日為如
第131 我身之化佛能於一日說法度已學聲聞又造罪願		
第132 我身之化佛能於一日說法度已學緣覺又造罪願		
第133 我身之化佛能於		

一日說法度已學大乘又造罪願		是億「那由他」百千眾生，隨所說法。
第134 我身之化佛能變大自在天「魔醯首羅」而為說法度眾願	或有奉事「魔醯首羅」(Maheśvara 大自在天;色界天魔)，(則我將)隨作其形，而為說法。	有眾生奉事「摩醯首羅天」(Maheśvara 大自在天;色界天魔)者，(則我將)隨現「摩醯首羅天」形而為說法。
第135 若有聞讚「我娑婆國名」即可得生我界願	亦於爾時，(若有)稱我「名字」，而讚歎之。	(若有)稱我娑訶佛土，(我皆)勸彼眾生，迴向「誓願」。
第136 若有聞讚「我釋迦名」即可得生我界願	願是眾生，(只要聽)聞「讚歎我」，(便)心生歡喜，(即)種諸善根，(將來即可)生我世界。	彼諸眾生，(若有)聞「我名」者，(則)令彼眾生，願生我國。
第137 於眾生命終講法令生善心與淨心願	(寶藏)世尊！是諸眾生，若臨終時，(寶海)我不在其前，為演「說法」，令(彼人)「心淨」者，我於「未來」，終不成「阿耨多羅三藐三菩提」。	(寶藏)世尊！若彼眾生，(於)命欲終時，(寶海)我(若)不現前、(若)不為說法、(若)不(令彼人)生「善心」者，(則)令我莫證「阿耨多羅三藐三菩提」。
第138 三惡道眾生皆能生我界得人身願	若彼眾生，(於)命終之後，(反)墮「三惡道」；不生(寶海)我國(而)受「人身」者。(則)我之所知(的)無量「正法」，悉當「滅失」，所有「佛事」，皆不成就。	彼眾生(於)命終已，若(反)墮「惡趣」；不生我國(而)得受「人身」者，(則)使我忘失一切「正法」，(正法)不現在前，(亦)令我不能具「成辦」作「佛事」。
第139 事奉毘紐天神「那	(若眾生有)事「那羅延」(Nārāyaṇa 那羅延是印度古神中之	(若)有眾生(是)奉事「那羅延」(Nārāyaṇa 那羅延是印度古神

羅延」外道者亦能生我界願	大力者:即欲界天之毘紐天神。此天多力,身為綠金色,有八臂,乘金翅鳥,手持鬥輪及種種器杖,常與阿修羅王戰爭)者,亦復如是。	中之大力者:即欲界天之毘紐天神。此天多力,身為綠金色,有八臂,乘金翅鳥,手持鬥輪及種種器杖,常與阿修羅王戰爭)者,乃至(此類)眾生,(於)命終已後,若(反)墮「惡趣」(而沒有轉生到我國土者),乃至(亦)令我不具(不能具足)「成辦」作「佛事」也。
第140 他方具五逆重罪者皆能得生我界願	(寶藏)世尊!(寶海)我成「阿耨多羅三藐三菩提」已,願令他方世界所有「五逆」之人,乃至行諸「邪道」,登涉「罪山」(者)。如是眾生,(於)臨命終時,悉來集聚,(便)生我世界。	我逮「菩提」已,於一切佛土,(若)有造「無間」者,乃至(被)「邪道」所困,(而)墮「曠野」者,(亦)令彼(命)終已,(便)生我國中。
第141 為度五逆重罪故從兜率降神於母胎願	為是(他方五逆重罪之)眾生故,(我將)於娑婆世界(百億之)諸四天下,(於)一時之中,從「兜術」下,現處「母胎」。	我時為彼諸(他方五逆重罪之)眾生故,於娑訶世界,隨機(百億之)「四天下」,我當於彼一切(百億之)「四天下」,從「兜率」天,降神「母胎」,示現「出生」,略說。
第142 示現諸佛事度眾而遍滿百億個四天下願	乃至童子,學諸伎藝。出家苦行。破壞諸魔,成無上道。轉正法輪。「般涅槃」後,流布「舍利」。如是示現種種「佛事」,悉皆遍滿如是百億(之)諸	童子,遊戲種種伎藝。苦行。降魔,成三菩提。轉正法輪。於一切(百億之)「四天下」,示現具足作「佛事」已,而「般涅槃」,乃至現分「舍

	「四天下」。	利」。
第 143 能以一音說法眾 生隨類各得解願	(寶藏)世尊！(寶海)我成「阿 耨多羅三藐三菩提」已， (只需以)「一音」說法(眾生隨類 各得解)。	我逮「菩提」已，(只需)說「一 種」句法。(眾生即可「隨類各得 解」)
第 144 若有求聲聞者一 聞佛說即知聲聞 法藏願	或有眾生學「聲聞乘」，(只 要一)聞佛說法，即得知「聲 聞法藏」。	(若)有眾生求「聲聞乘」者， 令彼(即)得解「聲聞法藏」 說。
第 145 若有求緣覺者一 聞佛說即知緣覺 法藏願	或有修學「辟支佛乘」，(只 要一)聞佛說法，便得解於 「辟支佛法」。	(若)有眾生求「緣覺乘」者， 令彼(即)得解「因緣法」說。
第 146 若有求大乘者一 聞佛說即知大乘 純一無雜願	或有修學無上「大乘」，(只 要一)聞佛說法，便得解了 「大乘」之法，「純一」無 雜。	(若)有眾生求無上「大乘」 者，令彼純解「摩訶衍」(大 乘)說。
第 147 若有欲得菩提者 一聞佛說即知布 施願	若有修集「助菩提法」，欲 得「菩提」，(只要一)聞佛說 法，即得「捨財」，行於「布 施」。	(若)有眾生未具「功德」，欲 求「菩提」者，令彼(即)得 解「布施法」說。
第 148 若有欲得人天樂 者一聞佛說即知 持戒願	若有眾生，(雖)離諸「功 德」，(但卻)悕求「天上、人 中」快樂，(只要一)聞佛說 法，即得「持戒」。	(若)有眾生乏無「福德」，(但 欲)求「生天」樂者，令得解 「戒」說。
第 149 若有愛瞋心者一 聞佛說即得慈心 願	若有眾生互相「怖畏」，有 「愛、瞋」心，(只要一)聞佛 說法，即得相於生「親厚 心」。	(若)有眾生更相「怖畏」， (污)濁心惡者，令彼(即)得 解「慈法」說。

第 150 若有好殺者一聞 佛說即得悲心願	若有眾生,憙為「殺業」,(只要一)聞佛說法,即得「悲心」。	(若)喜「殺生」者,令彼(即)得解「悲法」說。
第 151 若有慳貪嫉心者 一聞佛說即得喜 心願	若有眾生,常為「慳悋、嫉妬」覆心,(只要一)聞佛說法,即修「喜心」。	(若)「慳貪嫉心」者,令彼(即)得解「善法」說。
第 152 若有貪色欲心放 逸者一聞佛說即 得捨心願	若有眾生,端正「無病」,(但)貪著於「色」,心生「放逸」,(只要一)聞佛說法,即得「捨心」。	(若)恃「色」、倚「強」,(為)「欲心」昏濁者,令彼(即)得解「捨法」說。
第 153 若有婬欲熾盛者 一聞佛說即得不 淨觀願	若有眾生,「婬欲」熾盛,其心放逸,(只要一)聞佛說法,即「觀不淨」。	(若)耽著「愛欲心」者,令彼(即)得解「不淨法」說。
第 154 若有學大乘為 「掉、蓋」所亂者一 聞佛說即得「數息 觀」願	若有眾生,學「大乘」者,為「掉、蓋」(貪欲、瞋恚、睡眠、掉悔、疑)所覆,(只要一)聞佛說法,即得「身念處法」(此處的「身念處法」是指四念處的「觀身不淨」,據《大乘悲分陀利經》應作「數息觀」)。	(若)有大乘眾生,「憍慢」亂心者,令彼(即)得解「阿那波那念法」(ānāpāna 安般;安那般那;出入息念;數息觀)說。
第 155 若有好論議自讚 者一聞佛說即得 十二因緣願	若有眾生,常自「稱讚」,(以為自己)能(作)大「論議」,其智慧(光)明,(僅)猶如掣電(牽引)電,(只要一)聞佛說法,即解甚深「十二因緣」。	(若人)少慧(欲)求燈明者,令彼(即)得解「因緣法」說。
第 156	若有眾生,「寡聞」少見,	(若)有「少聞」學者,令彼

若有寡聞自讚者一聞佛説即得不失「總持」願	(但又)自稱「能論」，(只要一)聞佛説法，即得「不奪、不失」諸「陀羅尼」。	(即)得解「不忘失(所)聞持(之)法」説。
第157 若有邪見者一聞佛説即得諸法甚深空門願	若有眾生，入「邪見」山，(只要一)聞佛説法，即解諸法甚深「空門」。	(若)處「邪見」曠野者，令彼(即)得解「空法」説。
第158 若有麤思妄覺者一聞佛説即得深解「無相」法門願	若有眾生，(被)諸「覺」(尋求推度，對事理具粗略之思考名「覺」，「觀」則指對事理具細心思惟之精神作用)覆心，(只要一)聞佛説法，即得深解「無相」法門。	(若)多「想」困者，令彼(即)得解「無想法」説。
第159 若有被不淨願覆心者一聞佛説即得深解「無作」法門願	若有眾生，諸「不淨」願，覆蔽其心，(只要一)聞佛説法，即得深解「無作法門」。	(若被)「不淨」願(所)困者，令彼(即)得解「無願法」説。
第160 若有心不淨者一聞佛説即得心清淨願	若有眾生，「心」不清淨，(只要一)聞佛説法，心得清淨。	(若)「身、意」不淨者，令彼(即)得解「身意柔和法」説。
第161 若有諸散亂攀緣心者一聞佛説即得「不失菩提心法」願	若有眾生，以「多緣」(雜多散亂的攀緣心)覆心，(只要一)聞佛説法，得解「不失菩提心法」	(若被)「亂行」(雜多散亂的攀緣心行)所困者，令彼(即)得解「不忘菩提心」法説。
第162 若有被瞋恚覆心	若有眾生，「瞋恚」覆心，(只要一)聞佛説法，解真實	(若)懷於「瞋欲」造困者，令彼(即)得解「無怨法」説。

者一聞佛説即得解「無怨法」獲授記願	相，得受「記莂」。	
第 163 若有被六塵依猗覆心者一聞佛説即得諸法無所依住願	若有眾生，依猗(古通「倚」→依靠)覆心(此喻真心被倚附在六塵的執著上)，(只要一)聞佛說法，深解諸法「無所依猗」(應無所住而生其心)。	(若)滅至「意」困者，令彼(即)得解「無法」說。
第 164 若有被愛染覆心者一聞佛説即得諸法無垢清淨願	若有眾生，(被)「愛染」覆心，(只要一)聞佛說法，疾解諸法「無垢清淨」。	(若被)惱心者，令彼(即)得解「無妬法」說。略說。
第 165 若有忘失善心者一聞佛説即得深解「日光三昧」願	若有眾生，忘失「善心」，(只要一)聞佛說法，深解「日光三昧」。	(若常)「忘善」(忘失善心)者，(即)解「照明」說。
第 166 若有行諸魔業者一聞佛説即得清淨諸法願	若有眾生，行諸「魔業」，(只要一)聞佛說法，速得解了「清淨」之法。	(若)作「魔業」者，(即)解「淨」說。
第 167 若有被邪論覆心者一聞佛説即得深解正法願	若有眾生，(被)「邪論」覆心，(只要一)聞說法，即得深解，增益「正法」。	(若被)沒(溺於)「他論」者，(即)解「勇出」(勇敢出離於邪論)說。
第 168 若有被煩惱覆心者一聞佛説即得深解離煩惱法願	若有眾生，(被)「煩惱」覆心，(只要一)聞佛說法，即得解了「離煩惱法」。	(若被)種種「結」(結使煩惱)困心者，(即)解「去離」(諸煩惱)說。
第 169	若有眾生，行諸「惡道」，	(若)沒(溺於)「偏道」者，(即)

若有行諸惡道者一聞佛說即得迴心反正願	(只要一)聞佛說法，即得「迴反」(迴心反正)。	解「旋法」(旋反正法)說。
第170 若有將大乘讚為邪法者一聞佛說即於邪法生退轉願	若有眾生，於「大乘法」(竟然)讚說(為)「邪法」，(甚還)以為(是)「吉妙」，(只要一)聞佛說法，即於「邪法」生「退轉心」，而得「正解」。	(若於)大乘(生)「悕望心」者，(即)解「不退」說。
第171 若有悲增菩薩但厭生死者一聞佛說即得不厭生死願	若有(悲增上之)菩薩，厭(棄)於「生死」，(只要一)聞佛說法，即於「生死」(之法)，心生「愛樂」。	(若有修行的菩薩生)厭「生死」者，(即)解「菩薩樂」說(菩薩應該要「不欣涅槃、不厭生死」)。
第172 若有不知善品階地者一聞佛說即得深解善品階地願	若有眾生，不知「善地」(善品階地)，(只要一)聞佛說法，即得覺了「善地」之法。	(若)未得「善地智」者，(即)解「增長」說。
第173 若有見善生嫉者一聞佛說即得見善生隨喜心願	若有眾生，見他為善，(竟)不生「好樂」，生於「妒嫉」，(只要一)聞佛說法，即得「心喜」。	(若)不想喜「善根」者(無法對「具行善之善根者」生出歡喜想)，(即)解「惱悔」(愧惱懺悔)說。
第174 若有於眾生生「違逆反叛」者一聞佛說即得無閡光明願	若有眾生，其心各各，共相「違反」(違逆反叛)，(只要一)聞佛說法，即得無閡(隔閡)「光明」。	(若有)心「不等」(不平等的違逆反叛)者，(即)解「無礙光」說。
第175 若有行諸惡業者	若有眾生，行諸「惡業」，(只要一)聞佛說法，深解惡	(若被)沒(溺於)「惡業」者，(即)解「濟度」(救濟度化)說。

一聞佛說即得深解惡業果報願	業所得「果報」。	
第176 若有於眾中常生怖畏者一聞佛說即得「師子相三昧」願	若有眾生，(生)「怖畏」(於)大眾(指經常在大眾中感到怖畏害怕)，(只要一)聞佛說法，深得解了「師子相三昧」。	(若有人於)眾中(生)「畏」者(指經常在大眾中感到怖畏害怕)，(即)解「師子勝」說。
第177 若有被四魔覆心者一聞佛說即得「首楞嚴三昧」願	若有眾生，(被)「四魔」(①蘊魔;五陰魔;五蘊魔②煩惱魔;欲魔③能令眾生夭喪殞沒之死魔④欲界第六天之魔王)覆心，(只要一)聞佛說法，疾得「首楞嚴三昧」(śūrāṅgama-samādhi 堅固攝持諸法之三昧)。	(若被)「四魔」(①蘊魔;五陰魔;五蘊魔②煩惱魔;欲魔③能令眾生夭喪殞沒之死魔④欲界第六天之魔王)陵(古通凌)心者，(即)解「勇健」(śūraṃgama-samādhi 堅固攝持諸法之三昧)說。
第178 若有不見佛刹光明者一聞佛說即得「莊嚴光明三昧」願	若有眾生，不見諸佛國土「光明」，(只要一)聞佛說法，即得深解種種「莊嚴光明三昧」。	(若有)意不(見光之)明(之)佛刹者，(即)解「莊嚴光」說。
第179 若有被「憎、愛」覆心者一聞佛說即得捨心願	若有眾生，有「憎、愛」心，(只要一)聞佛說法即得「捨心」。	(若有)「憎、愛」者，(即)解「脫捨」說。
第180 若有未得佛法光明者一聞佛說即得「法幢三昧」願	若有眾生，未得佛法「光明」，(只要一)聞佛說法，即得「法幢三昧」。	(若於)佛法(光)明不(能)覺者，(即)解「第一幢・翅由邏(keyūra吉由羅;枳由羅;瓔珞)」說。
第181 若有離大智慧者	若有眾生，離大智慧，(只要一)聞佛說法，即得「法炬」	(若)乏「大慧」者，(即)解「晃(耀光)明」說。

一聞佛説即得「法炬三昧」願	三昧」。	
第182 若有被癡闇覆心者一聞佛説即得「日燈光明三昧」願	若有眾生，(被)「癡闇」覆心，(只要一)聞佛説法，即得「日燈光明三昧」。	(若被)「愚闇」困者，(即)解「日燈」説。
第183 若有口無辯才者一聞佛説即得種種應對辯才願	若有眾生，口無「辯才」，(只要一)聞佛説法，即得種種功德「應辯」(應對辯才)。	(若)不求(無法求得)「無盡辭」者，(即)解「作得(於辯才中能作能得)」説。
第184 若有觀色相如沫而覆心者一聞佛説即得「那羅延三昧」願	若有眾生，觀「色」和合，無有堅固，猶如「水沫」，(只要一)聞佛説法，即得「那羅延三昧」(此喻具有大力堅固力者)。	(若有觀色相)如「沫」(而來)求我者，(即)解「那邏延」(此喻具有大力堅固力者)説。
第185 若有心亂意動者一聞佛説即得「堅牢決定三昧」願	若有眾生，「心亂」不定，(只要一)聞佛説法，即得「堅牢決定三昧」。	(若)「(心)意」傾(亂)動(蕩)者，(即)解「堅住」説。
第186 若有欲觀佛頂相者一聞佛説即得「須彌幢三昧」願	若有眾生，欲觀「佛頂」，(只要一)聞佛説法，即得「須彌幢￼三昧」。	(若欲)觀「頂」者，(即)解「高幢￼」説。
第187 若有欲捨本願者一聞佛説即得「堅牢三昧」願	若有眾生，(欲)放捨「本願」，(只要一)聞佛説法，即得「堅牢三昧」。	(若欲)捨「先誓」(本來的誓願)者，(即)解「堅固」説。
第188	若有眾生，退失「諸通」(於	(若)退(失諸)通者，(即)解「金

若有退失諸法通達者一聞佛說即得「金剛三昧」願	諸法上的通達),(只要一)聞佛說法,即得「金剛三昧」。	剛意」說。
第189 若有於菩提場生疑者一聞佛說即得深解「金剛道場」願	若有眾生,於「菩提場」,而生疑惑,(只要一)聞佛說法,即得了達「金剛道場」。	(若)求「道場」者,(即)解「金剛場」說。
第190 若有於世法不生厭離心者一聞佛說即得「金剛三昧」願	若有眾生,(於)一切(世間)法中,無(生)「厭離心」,(只要一)聞佛說法,即得「金剛三昧」。	(若於)一切(世間)法,不(生屈)辱者(亦即我們活在世間法中,不應生滿足安逸心,應生屈辱懺悔心),(即)解「如金剛」說。
第191 若有不知他人心念者一聞佛說即得他心通願	若有眾生,不知「他心」(他人心念),(只要一)聞佛說法,即知「他心」。	(若)欲知「他心所念」者,(即)解「(他人心念之)行處」說。
第192 若有不知眾生利鈍者一聞佛說即能知其利鈍願	若有眾生,於諸根(器)中,不知「利、鈍」,(只要一)聞佛說法,即知(根器)「利、鈍」。	(若)欲知「他根」(他人根器)者,(即)解(根器之)「慧道」說。
第193 若有不能通解語言者一聞佛說即得「解了音聲三昧」願	若有眾生,各各種類,不(能互)相解語(通解語言),(只要一)聞佛說法,即得「解了音聲三昧」。	(若)言「不相干」者,(即)解「入辭」(融入言辭)說。
第194 若有未得法身者一聞佛說即得「解了分別諸身」	若有眾生,未得「法身」,(只要一)聞佛說法,即得「解了分別諸身」。	(若)未得「法身」者,(即)解「修一切身」說。

了分別諸身」願		
第195 若有不見佛身者 一聞佛說即得「不 眴三昧」願	若有眾生，不見「佛身」， （只要一）聞佛說法，即得「不 眴 三昧」。	（若）希（驥）見「如來」者，（即） 解「不眴」 說。
第196 若有對眾生常生 分別妄念者一聞 佛說即得「無諍三 昧」願	若有眾生，（對人經常生）「分 別」諸緣，（只要一）聞佛說 法，即得「無諍三昧」。	（若）具（分別心）念（於）一切 「作者」，（即）解「無諍」說。
第197 若有對轉法輪心 生疑者一聞佛說 即得深解無垢法 輪願	若有眾生，於轉法輪，心 生疑惑，（只要一）聞佛說 法，於轉法輪，得心清淨。	（若）求「轉法輪」者，（即）解 「無垢輪」說。
第198 若有起無因緣果 報之邪行者一聞 佛說即得因緣法 義願	若有眾生，起「無因（無因無 緣無果）、邪行」，（只要一）聞佛 說法，即得法明（法義光明）， 隨順「因緣」。	（若生）「無因（無因無緣無果）、邪 求」者，（即）解「明順因緣」 說。
第199 若有於佛土生永 恒常見者一聞佛 說即得善別佛土 義願	若有眾生，於「一佛世 界」，起於（永恒的）「常」見， （只要一）聞佛說法，即得善 別「無量佛土」。	（若於）一佛土（生起永恒的） 「常」見者，（即）解「善作語」 說。
第200 若有未種諸相善 根者一聞佛說即 得「諸莊嚴三昧」	若有眾生，未種「諸相」（之） 善根，（只要一）聞佛說法， 即得種種「莊嚴三昧」。	（若）未種「（諸）相好因」者， （即）解「莊嚴」說。

願		
第201 若有不能分別言語者一聞佛說即得「解了分別種種言音三昧」願	若有眾生，不能善別一切「言語」，(只要一)聞佛說法，即得「解了分別種種言音三昧」。	(若)不能分別「言音」者，(即)解「辭道(辭義道理)」說。
第202 若有欲求一切種智者一聞佛說即得「無所分別法界三昧」願	若有眾生，專心求於「一切智慧」，(只要一)聞佛說法，即得「無所分別法界三昧」。	(若)求「一切種智」者，(即)解「法性不隱」說。
第203 若有退轉於佛法者一聞佛說即得「堅固三昧」願	若有眾生，「退轉」於法，(只要一)聞佛說法，即得「堅固三昧」。	(若)於法「退轉」者，(即)解「堅固」說。
第204 若有不知法界者一聞佛說即得大智慧願	若有眾生，不知「法界」，(只要一)聞佛說法，即得大智慧。	(若)不達「法性」者，(即)解「通」(達法性)說。
第205 若有捨離誓願者一聞佛說即得「不失三昧」願	若有眾生，離本「誓願」，(只要一)聞佛說法，即得「不失三昧」。	(若有)「捨誓」(捨離本誓)者，(即)解「不退」說。
第206 若有常分別諸佛道者一聞佛說即得「一道無所分別」願	若有眾生，(經常)「分別」(於)諸道，(只要一)聞佛說法，即得「一道無所分別」。	(若於佛)道(所)隱(蔽)者，(即)解「無貌」(無有任何分別的形貌)說。
第207	若有眾生，推求「智慧」，	(若)求(平)等(之)「虛空智」

若有欲求智慧同虛空者一聞佛說即得「無所有三昧」願	欲同(於)「虛空」,(只要一)聞佛說法,即得「無所有三昧」。	者,(即)解「無所有」說。
第208 若有未具足諸波羅蜜者一聞佛說即得住清淨波羅蜜願	若有眾生,未得具足「諸波羅蜜」,(只要一)聞佛說法,即得住於「(清)淨波羅蜜」。	(若有)未滿「波羅蜜」者,(即)解「淨住(波羅蜜)」說。
第209 若有未具四攝法者一聞佛說即得「妙善攝取三昧」願	若有眾生,未得具足「四攝」(❶布施攝❷愛語攝❸利行攝❹同事攝)之法,(只要一)聞佛說法,即得「妙善攝取三昧」。	(若有)未滿「(四)攝」物者,(即)解「善攝」(妙善攝取)說。
第210 若有分別於四無量心者一聞佛說即得「平等勤心精進」願	若有眾生,分別(於)「四無量心」,(只要一)聞佛說法,即得「平等勤心精進」。	(若有)未住「梵行」(四梵行;四無量心)者,(即)解「等作」(平等精進而作)說。
第211 若有未具足三十七道品者一聞佛說即得「住不出世三昧」願	若有眾生,未得具足「三十七助菩提法」,(只要一)聞佛說法,即得「住不出世三昧」。	(若有)未滿「助菩提寶」者,(即)解「不住行」說。
第212 若有忘失正念心智者一聞佛說即得「大海智印三昧」願	若有眾生,其心「失念」,及(失去)「善智慧」,(只要一)聞佛說法,即得「大海智印三昧」。	(若有)忘失「善說、智心」者,(即)解「海印」說。

第213 若有未得無生法忍者一聞佛說即得「諸法決定三昧」願	若有眾生,其心疑惑,未生「法忍」,(只要一)聞佛說法,即得「諸法決定三昧」,以「一法相」故。	(若有)悕望「無生法忍」心者,(即)解「決定」說。
第214 若有忘失所聞法者一聞佛說即得「不失念三昧」願	若有眾生,忘所「聞法」,(只要一)聞佛說法,即得「不失念三昧」。	如所聞法,(常)廣(散)分布(於)心者,(即)解「不忘失」說。
第215 若有不相喜樂於別人說法者一聞佛說即得「清淨慧眼」願	若有眾生,各各說法,(但卻)不相「喜樂」,(只要一)聞佛說法,即得「清淨慧眼」,無有疑網。	(若欲)更(互)相「善說」,(而達)「無厭足」者,(即)解「無障」說。
第216 若有於三寶不生信心者一聞佛說即得「功德增長三昧」願	若有眾生,於「三寶」中,不生「信心」,(只要一)聞佛說法,即得「功德增長三昧」。	(若有)未得敬信「三寶」者,(即)解「集福德」說。
第217 若有渴慕法雨者一聞佛說即得「法雨三昧」願	若有眾生,渴乏「法雨」,(只要一)聞佛說法,即得「法雨三昧」。	(若有於)「法門雨」(有)不知足者,(即)解「法雲」說。
第218 若有於三寶中起斷滅見者一聞佛說即得「諸寶莊嚴三昧」願	若有眾生,於「三寶」中,起「斷滅見」,(只要一)聞佛說法,即得「諸寶莊嚴三昧」。	(若於)三寶「斷見」者,(即)解「寶莊嚴」說。
第219	若有眾生,不作「智業」(智	(若有)不作「智業」(智慧善業)

若有不作智業與精進者一聞佛說即得「金剛智慧三昧」願	慧善業)，不「勤精進」，(只要一)聞佛說法，即得「金剛智慧三昧」。	者，(即)解「無生」說。
第220 若有被煩惱繫縛者一聞佛說即得「虛空印三昧」願	若有眾生，為諸「煩惱」之所繫縛，(只要一)聞佛說法，即得「虛空印三昧」。	(若為)一切「煩惱」(所)縛者，(即)解「空門」說。
第221 若有執於我與我所者一聞佛說即得「智印三昧」願	若有眾生，計「我、我所」，(只要一)聞佛說法，即得「智印三昧」。	(若)於一切法(生)「輕心」者(有嚴重的我執、我所者，即對法會生輕慢心)，(即)解「智印」說。
第222 若有不知如來功德者一聞佛說即得「世間解脫三昧」願	若有眾生，不知如來「具足功德」，(只要一)聞佛說法，即得「世間解脫三昧」。	(若)未(圓)滿「如來德」者，(即)解「世諦現(前之)門」說。
第223 若有於過去未供養佛者一聞佛說即得神通變化願	若有眾生，於過去世「未」供養佛，(只要一)聞佛說法，即得種種「神足(神通具足)變化」。	(若)於先佛所，(尚)未「積德」者，(即)解「必(定的神)變化」說。
第224 若有未聞一法界者一聞佛說即得深解諸法「同一法界」願	若有眾生，(於)「一法界」門，於未來世無量劫中，未得說之，(只要一)聞佛說法，即得解說「一切諸法」，同「一法界」。	(若有)未說「一法門究竟念」者，(即)解「一切法性」說。
第225 若有於諸經未得「精選取擇」者一	若有眾生，於諸一切「修多羅」中，未得選擇(精選取擇)，(只要一)聞佛說法，即	(若於)一切「經」(仍)未了者，(即)解「(諸)法(真)實(平)等」說。

聞佛說即得諸法「平等實相三昧」願	得諸法「平等實相三昧」。	
第226 若有離「六和敬法」者一聞佛說即得深解「諸法三昧」願	若有眾生,離「六和」法(與眾生需有六種的「和同愛敬」,身和敬、口和敬、意和敬、戒和敬、見和敬、利和敬),(只要一)聞佛說法,即得解了「諸法三昧」。	(若)離「六和敬」法(與眾生需有六種的「和同愛敬」,身和敬、口和敬、意和敬、戒和敬、見和敬、利和敬)者,(即)解「一切法相」說。
第227 若有不精進於解脫法門者一聞佛說即得「師子遊戲三昧」願	若有眾生,於「不可思議解脫法門」(中),不勤精進,(只要一)聞佛說法,於諸通(於諸法上的通達)中,即得「師子遊戲三昧」。	(若有)不為(無法作為)「思惟解脫」者,(即解)「遊戲神通」說。
第228 若有欲入自性如來藏者一聞佛說即得深解「如來藏」願	若有眾生,欲分別入於「如來藏」,(只要一)聞佛說法,更不從「他聞」(自性即是如來藏,故不需從他聞而獲),即得分別入「如來藏」。	(若)欲入「如來祕密」者,(即)解「不求他」(自性即是如來藏,故不需從他聞而獲)說。
第229 若有不勤精進於菩薩道者一聞佛說即得智慧與精進願	若有眾生,於菩薩道,不勤精進,(只要一)聞佛說法,即得智慧,勤行精進。	(若)不勤「修菩薩行」者,(即)解「得智」(獲得智慧)說。
第230 若有未曾得見「本生經」者一聞佛說即得「一切在在處處三昧」願	若有眾生,未曾得見「本生經」,(只要一)聞佛說法,即得「一切在在處處三昧」。	(若)不(能)現(見佛之本)生(經)者,(即)解「至一切處」說。
第231	若有眾生,行道「未竟」,	(若於)行「菩薩行」(時),(尚)

若有於菩薩道仍未圓滿者一聞佛說即得「受記三昧」願	(只要一)聞佛說法，即得「受記三昧」。	有殘(缺)者，(即)解「受職(受記)」說。
第232 若有未具足如來十力者一聞佛說即得「無壞三昧」願	若有眾生，未得具足「如來十力」，(只要一)聞佛說法，即得「無壞三昧」。	(若於)如來「十力」(仍)未(圓)滿者，(即)解「最勝」說。
第233 若有未得「四無所畏」者一聞佛說即得「無盡意三昧」願	若有眾生，未得具足「四無所畏」，(只要一)聞佛說法，即得「無盡意三昧」。	(若仍)未得「四無畏」者，(即)解「勇進(勇猛精進)」說。
第234 若有未得「佛不共法」者一聞佛說即得「不共法三昧」願	若有眾生，未得具足「佛不共法」，(只要一)聞佛說法，即得「不共法三昧」。	(若)未得「不共法」者，(即)解「阿僧祇意」說。
第235 若有未具足無愚癡見者一聞佛說即得「願句三昧」願	若有眾生，未得具足「無愚癡見」，(只要一)聞佛說法，即得「願句三昧」。	(若未具足)「無愚聞見」者，(即)解「願道」說。
第236 若有仍未覺悟諸法者一聞佛說即得「鮮白無垢淨印三昧」願	若有眾生，未覺(悟)「一切佛法」之門，(只要一)聞佛說法，即得「鮮白無垢，淨印三昧」。	(若)不能現前覺(悟)「一切佛法」者，(即)解「白淨無垢印」說。

第 237 若有仍未具足「一切智」者一聞佛說即得「善了三昧」願	若有眾生，未得具足「一切智」者，(只要一)聞佛說法，即得「善了三昧」。	(若)有餘「薩婆若智」(一切智)者，(即)解「善覺意」說。
第 238 若有未成就一切佛事者一聞佛說即得「無量不盡意三昧」願	若有眾生，未得成就一切「佛事」，(只要一)聞佛說法，即得「無量不盡意三昧」。	(若)未逮「如來一切」(之佛事)作者，(即)解「無邊盡法」說。
第 239 菩薩能以佛之一句法得八萬四千法門願	有諸菩薩，其心「質直」，無有諂曲，聞佛說法，即得八萬四千「諸法門」、八萬四千「諸三昧門」、七萬五千「陀羅尼門」。	有無量「阿僧祇」求「大乘菩薩」，不諂曲、不幻偽、端直者，令彼菩薩以「一句音」得八萬四千「法門」、八萬四千「三昧」、七萬五千「陀羅尼」。
第 240 菩薩能以佛之一句法得八萬四千諸三昧門願		
第 241 菩薩能以佛之一句法得七萬五千陀羅尼願		
第 242 菩薩聞佛法義得不退轉願	有無量無邊「阿僧祇」菩薩摩訶薩，修集「大乘」者，聞是說法，亦得如是「無量功德」，安止住於「不退轉」地。	以是功德，諸菩薩摩訶薩，以「大莊嚴」而自莊嚴，令勇發「不可思議」妙願。
第 243 菩薩聞佛法義得	是故諸菩薩摩訶薩，欲得種種莊嚴「堅牢」故，發不	令菩薩「不可思議」(之)「知見」功德，以自莊嚴。

不可思議知見願	可思議「願」，增益不可思議「知見」，以自莊嚴。	
第244 菩薩聞佛三十二相莊嚴得八十隨形好願	以「三十二相」莊嚴故，得「八十隨形好」。	(以)「身」莊嚴，以「相」好。
第245 菩薩聞佛妙音莊嚴得知見滿足願	以「妙音」莊嚴故，隨諸眾生所憙說法，令聞法者，滿足「知見」。	(以)「口」莊嚴，以「如意」善說，令眾歡喜。
第246 菩薩聞佛心莊嚴得不退轉願	以「心」莊嚴故，得諸「三昧」，不生「退轉」。	(以)「心」莊嚴，以「三昧」不退。
第247 菩薩聞佛念莊嚴得總持願	以「念」莊嚴故，「不失」一切諸「陀羅尼」。	(以)「念」莊嚴，以持「不失」。
第248 菩薩聞佛意莊嚴得分別諸法願	以「心」莊嚴故，得「分別」諸法。	(以)「意」莊嚴，以強「識」。
第249 菩薩聞佛念思莊嚴得解極微塵等甚深法義願	以「念」莊嚴故，得解「微塵」等義。	(以)「至」(「至」古通「志」，作「想念、意志」解)莊嚴，以至「覺」(覺悟至最高 不可思議之境)。
第250 菩薩聞佛善心莊嚴得堅固誓願精進願	以「善心」莊嚴故，得堅固「誓願」，牢堅「精進」，如其所願，到於彼岸。	(以)「義」志莊嚴，以堅「誓」(願)。
第251 菩薩聞佛專心莊嚴得越過諸地願	以「專心」莊嚴故，次第「過住」(越過諸住或諸地等)。	(以)「作」莊嚴，以辯誓(辯才誓願)，「志極」莊嚴，以(越)過(諸)地、非地。

第252 菩薩聞佛布施莊嚴得捨一切物願	以「布施」莊嚴故,於諸「所須」,悉能「放捨」。	(以)「施」莊嚴,以「捨一切物」。
第253 菩薩聞佛持戒莊嚴得清淨無垢願	以「持戒」莊嚴故,令心「善白」,清淨無垢。	(以)「戒」莊嚴,以「白淨」無垢。
第254 菩薩聞佛忍辱莊嚴得心無障閡願	以「忍辱」莊嚴故,於諸衆生,心無「障閡」(障礙隔閡)。	(以)「意忍」莊嚴,於一切衆生,無「高、下」心。
第255 菩薩聞佛精進莊嚴得諸事成辦願	以「精進」莊嚴故,一切佐助,悉得成就。	(以)「(精)進」莊嚴,以一切「事辦」。
第256 菩薩聞佛禪定莊嚴得師子遊戲願	以「禪定」莊嚴故,於一切三昧中得「師子遊戲」。	(以)「禪」莊嚴,以一切三昧「遊戲神通」。
第257 菩薩聞佛智慧莊嚴得了知煩惱結使因願	以「智慧」莊嚴故,知諸「煩惱習」。	(以)「慧」莊嚴,以知「結」(結使煩惱)使因由。
第258 菩薩聞佛慈莊嚴得專念眾生願	以「慈」莊嚴故,專心「念」於一切眾生。	(以)「慈」莊嚴,以至「一切眾生」處。
第259 菩薩聞佛悲莊嚴得拔眾生苦願	以「悲」莊嚴故,悉能「拔出」眾生之苦。	(以)「悲」莊嚴,以「不捨一切眾生」。
第260 菩薩聞佛喜莊嚴得心無疑惑願	以「喜」莊嚴故,於一切法,心無「疑惑」。	(以)「喜」莊嚴,以一切法得「無疑惑」。
第261	以「捨」莊嚴故,得離「憍	(以)「捨」莊嚴,以「毀、譽」

菩薩聞佛捨莊嚴得心無高下離憍慢願	慢心」，心無「高、下」。	無二。
第262 菩薩聞佛諸法通達莊嚴得師子遊戲願	以「諸通」（諸法上的通達）莊嚴故，於一切法得「師子遊戲」。	（以）「通」莊嚴，以「遊戲一切通」。
第263 菩薩聞佛功德莊嚴得寶手無盡藏願	以「功德」莊嚴故，得「不可盡藏寶手」。	（以）「福」莊嚴，以得「寶手無盡藏」。
第264 菩薩聞佛智莊嚴得知眾生諸心願	以「智」莊嚴故，知諸眾生所有「諸心」。	（以）「智」莊嚴，以解一切眾生「心念」所行。
第265 菩薩聞佛意莊嚴得方便覺悟一切眾生願	以「意」莊嚴故，方便惺（古通「醒」）悟一切眾生。	（以）「覺」莊嚴，以善法「覺」（悟）一切眾生。
第266 菩薩聞佛光明莊嚴得智慧眼明願	以「光明」莊嚴故，得「智慧眼明」。	（以）「明」莊嚴，以得「慧眼明」。
第267 菩薩聞佛諸辯莊嚴得法義應對辯才願	以「諸辯」莊嚴故，令眾生得「法義應辭」。	（以）「辯」莊嚴，以得「義法辭應辯（應對辯才）」。
第268 菩薩聞佛無畏莊嚴得諸魔不能阻留刁難願	以「無畏」莊嚴故，一切「諸魔」，不能「留難」（阻留刁難障礙）。	（以）「勇悍」莊嚴，以伏「眾魔」及諸「異論」（外道邪論）。

第269 菩薩聞佛功德莊嚴得諸佛所有功德願	以「功德」莊嚴故,得諸佛世尊「所有功德」。	(以)「(功)德」莊嚴,以逮「佛無上德」。
第270 菩薩聞佛法莊嚴得無閡辯才願	以「法」莊嚴故,得「無閡(隔閡)辯」,常為眾生「演說妙法」。	(以)「法」莊嚴,以「阿僧祇辯」,令普為眾生說法。
第271 菩薩聞佛光明莊嚴得佛法光明願	以「光明」莊嚴故,得一切「佛法光明」。	(以)「(光)明」莊嚴,以照「一切佛法」。
第272 菩薩聞佛照明莊嚴得遍照諸佛世界願	以「照明」莊嚴故,能「遍照」於諸佛世界。	(以)「光」莊嚴,以照「諸佛剎」變化。
第273 菩薩聞佛他心莊嚴得正智無亂願	以「他心」莊嚴故,得「正智無亂」。	(以)「說」莊嚴,以所記(皆)「不錯」(不會錯亂)變化。
第274 菩薩聞佛教誡莊嚴得護持禁戒願	以「教誡」莊嚴故,得如所說「護持禁戒」。	(以)「教授」莊嚴,以隨所應「教誡」。
第275 菩薩聞佛神足莊嚴得四如意足願	以「神足」莊嚴故,得(四)「如意足」(①欲如意足: 希慕所修之法能如願滿足。 ②精進如意足: 於所修之法,專注一心,無有間雜,而能如願滿足。 ③念如意足: 於所修之法,記憶不忘,如願滿足。 ④思惟如意足: 心思所修之法,不令忘失,如願滿足),到於彼岸。	(以)「神變」莊嚴,以到「四神足」(①欲如意足: 希慕所修之法能如願滿足。 ②精進如意足: 於所修之法,專注一心,無有間雜,而能如願滿足。 ③念如意足: 於所修之法,記憶不忘,如願滿足。④思惟如意足: 心思所修之法,不令忘失,如願滿足)彼岸一切受。
第276	以「受持一切諸如來」莊	(以)「如來」莊嚴,以入「如

菩薩聞佛受持諸如來莊嚴得入如來無量法藏願	嚴故，得入如來「無量法藏」。	來祕密法」。
第277 菩薩聞佛尊法莊嚴得不隨他智慧願	以「尊法」莊嚴故，得「不隨他智慧」。	(以)「自在」莊嚴，以「智不從他得」，敬順一切。
第278 菩薩聞佛隨行諸善法莊嚴得如說而行願	以隨行「一切善法」莊嚴故，(令眾生)得「如說而行」。欲令如是眾生，悉得如是等「功德利益」。	(以)「善法」莊嚴，以如說修行，一切處「無能退」者，無量「阿僧祇」，求大乘眾生。
第279 菩薩聞佛之一句法得白淨善法願	若有無量無邊「阿僧祇」菩薩摩訶薩，修集「大乘」，(只要)以(寶海)我說「一句法」故，(皆)悉具如是「白淨善法」，皆使充足。	我以「一向音」(一句法音)，(即能)淨除多「不善」(法)，以充足之。
第280 菩薩所得智慧不需從他而聞即能成就阿耨菩提願	以是故，諸菩薩摩訶薩，於諸法中所得智慧，不(需)從他(而)聞，(即)得成就「大法光明」，成「阿耨多羅三藐三菩提」。	令彼諸菩薩摩訶薩，於一切法，(皆)「不因他」(即可)得「智具大法明」，速成「阿耨多羅三藐三菩提」。
第281 他方五逆重罪來生我界願	(寶藏)世尊！若眾生於「他方」世界，作「五逆」罪，乃至犯「四重禁」，燒滅「善法」。	(寶藏)世尊！又餘世界中，眾生造「無間」(業)者，乃至犯「根(本)罪」，心意燋枯。
第282 他方學三乘者來生我界願	若(或有)學「聲聞、緣覺、大乘」，(皆)以(其)「願力」故，欲來生(寶海)我世界。	(或)有求「聲聞乘」、(或)有求「辟支佛乘」、(或)有求無上「大乘」者，(皆)以隨(其)願(力)故，生我佛土。

第283 為他方八萬四千亂意眾生廣說八萬四千法願	既來生(我國)已,復取一切諸「不善業」,麤(麤魯)朴多(樸陋;粗俗鄙陋)弊惡,其心憙求,強梁(強橫豪梁)難調,專以「四倒」(於佛之「常樂我淨」生出顛倒),貪著慳悋。 如是等眾生,(皆有)八萬四千「異性」(不同心性)亂心,(寶海)我當為其各各「異性」(不同心性之亂意眾生),廣說八萬四千「法聚」。	集「不善根」(之)麤獷(麤魯蠻橫)樂惡(好樂於作惡),(具)剛強「倒見」(於佛之「常樂我淨」生出顛倒),不攝「意志」。 我當為彼八萬四千「心行亂意」(之)眾生,廣說八萬四千部法。
第284 有他方界來求大乘者則為之廣說六度願	(寶藏)世尊!若有眾生,(若有)學無上「大乘」,(寶海)我當為其具足廣說「六波羅蜜」,所謂「檀」波羅蜜,乃至「般若」波羅蜜。	其中眾生,(若有)求無上「大乘」者,我當為彼廣說「六波羅蜜」法,廣說「檀」波羅蜜,乃至廣說「般若」波羅蜜。
第285 有他方界來求聲聞者則為之安住三歸依與六度願	若有眾生,(若有)學「聲聞乘」,(但仍)未種善根,願求「諸佛」以為其師,(寶海)我當(令彼)安止於「三歸依」,然後勸令住「六波羅蜜」。	其中眾生,(若)有求「聲聞、辟支佛乘」,(卻仍)未種「善根」、(未)求「度世」者,我當令彼住「三歸依」,後乃令住(六)「波羅蜜」。
第286 有他方界喜殺害者則為之安止於不殺願	若有眾生,憙為「殺害」,(寶海)我當(令彼)安止於「不殺」中。	(若有)喜「殺生」者,令住「不殺」。
第287 有他方界喜惡貪者則為之安止於不盜願	若有眾生,專行「惡貪」,我當(令彼)安住於「不盜」中。	(若有)貪重者,令住「不盜」。

第288 有他方界喜邪婬 者則為之安止於 不邪婬願	若有眾生，非法「邪婬」，我當(令彼)安止「不邪婬」中。	(若有)染著「非法」者，令住「不邪婬」。
第289 有他方界喜妄語 者則為之安止於 不妄語願	若有眾生，各各故作「誹謗、妄語」，我當(令彼)安止「不妄語」中。	(若有)「妄語」相說者，令住「不妄語」。
第290 有他方界喜飲酒 者則為之安止於 不飲酒願	若有眾生，樂為「狂癡」，我當(令彼)安止「不飲酒」中。	(若有)樂「昏濁」者，令住「不飲酒」。
第291 有他方界犯五戒 者則為之安止於 五戒願	若有眾生，犯此「五事」，我當令(彼)受「優婆塞」五戒。	其有眾生，有此「五病」者，我當令彼斷是「五患」，住「優婆塞(五)戒」。
第292 有他方界不喜善 法者則為之安止 於八戒願	若有眾生，於諸「善法」，不生「憙樂」，我當令其「一日一夜」，受持「八戒」。	有眾生，不樂「善法」者，我當令彼一日一夜，住「聖八分戒」。
第293 有他方界缺善根 者則為之安止於 梵淨十戒願	若有眾生，少於善根，於善根中，心生「愛樂」，我當令其於「未來世」，在「佛法」中，出家學道安止，令住「梵淨十戒」。	其有少樂「善根」者，我當令彼，來近我法，出家「十戒」，得住「梵行」。
第294 有他方界喜求諸 善者則為之安止 於梵行大戒願	若有眾生，憘心求於「諸善根法」，我當(令彼)安止「善根法」中，令得成就「梵行」，具足「大戒」。	其有眾生，樂求「善法」者，我當令彼於「善法」中，得受「具足」，盡住「梵行」。

第295 以神通具足爲他方界眾生開示「五陰」法義願	如是等眾生，作「五逆」罪，乃至「慳悋」，為是眾生，以種種門，示現「神足」(神通具足)，說諸「句義」，開示「(五)陰、(十八)界、諸(十二)入」、「苦、空、無常、無我」，令住「善妙」，安隱「寂滅」(之)「無畏涅槃」。(我)為如是四眾「比丘、比丘尼、優婆塞、優婆夷」說法。	我當為如是造「無間業」，乃至「不攝意志」(之)眾生故，以多種種若干「句義」文字變化，而為說法，示現「(五)陰、(十八)界、(十二)入」、「無常、苦、空、無我」，令住善「安隱」、妙寂(之)「無畏城」。我當為四眾「比丘、比丘尼、優婆塞、優婆夷」說如是法。
第296 以神通具足爲他方界眾生開示「十八界」法義願		
第297 以神通具足爲他方界眾生開示「十二入」法義願		
第298 以神通具足爲他方界眾生開示「苦」法義願		
第299 以神通具足爲他方界眾生開示「空」法義願		
第300 以神通具足爲他方界眾生開示「無常」法義願		
第301 以神通具足爲他方界眾生開示「無我」法義願		
第302		

以神通具足為他方界眾生開示「安隱道」法義願		
第303 以神通具足為他方界眾生開示「無畏涅槃」法義願		
第304 有眾生欲求論義則為之開示「論義」與「正法」義	若有眾生，求聞「論議」，我當(為)說「正法」論。	其有喜樂「論」者，我當為彼現「諸論法」。
第305 有眾生欲求解脫則為之開示「空無諸法」義願	乃至有求「解脫」之者，我當為說「空無」之論。	乃至「求解脫」者，我當為彼現於「空論」。
第306 有眾生心不樂正善法則為之開示「營造勞作輔佐眾事」願	若有眾生，其心不樂於「正善法」，我當為說「營作」(營造勞作輔佐)眾事。	其有不樂「善法」者，我當為彼說勸化(勸教度化)業。
第307 有眾生其心愛樂正善法則為之開示「空三昧定」與解說願	若有眾生，於「正善法」，其心「愛樂」，我當為說「空三昧定」，示「正解脫」。	(若有)樂(於善法)者，我當為說誦習「一向禪空解脫」。
第308 不以神力而步涉百千由旬只為眾生開示「句義」法	(寶藏)世尊！(寶海)我為如是一一眾生，要當過於百千「由旬」，(我將)不以「神足」(通之力)，而(為眾生)以「開	我(願)為一一眾生故，「步涉」多百千「由旬」多，(以)種種若干「句義、文字、方便變化」，(我將)忍此「疲

願	示「無量無邊種種「方便」，為(眾生)解「句義」，(並)示現(種種)神足(神通具足)，乃至(令眾生入)「涅槃」，心不生厭。	惓」(古同「倦」)，終(令眾生)至置於「涅槃」。
第309 不以神力而步涉百千由旬只為眾生開示「文字」法願		
第310 不以神力而步涉百千由旬只為眾生開示「變化神通」法願		
第311 不以神力而步涉百千由旬只為眾生開示「涅槃」法願		
第312 願將五分壽命捨一分而入般涅槃願	(寶藏)世尊！(寶海)我(將)以「三昧力」故，捨「第五分」所得(之)「壽命」而「般涅槃」。	乃至以「誓力」，我當「五分」壽減一；(於)欲「般涅槃」時。
第313 為憐愍眾生而將自身舍利碎如半芥子願	我於是時，(將)自分其身(此喻舍利)，如半「葶藶」(通「亭歷」，為一年生的草本藥用植物。《一切經音義》云：「葶艾」……《考聲》云「葶藶」，草名也……實葉，皆似「芥」)子，(我)為憐愍眾生故，(乃)求「般涅槃」。	我當碎身，「舍利」(將)如「半芥子」，(我)為悲眾生故，然後當入「涅槃」。
第314 於般涅槃後為憐	(待)「般涅槃」後，所有「正法」住世(將達)「千歲」，「像	令我「涅槃」後，「正法」(仍)住世「千歲」、「像法」住世，

愍眾生故正法住世千年願	法」住世，滿「五百歲」。	復「五百歲」。
第 315 於般涅槃後爲憐愍眾生故像法住世五百年願		
第 316 若以珍寶供養我身舍利則於三乘得不退轉願	(寶海)我「涅槃」後，若有眾生，以「珍寶、伎樂」供養「舍利」，乃至「禮拜、右繞一匝、合掌稱歎、一莖華散」，以是因緣，隨其志願，(令眾生)於「三乘」中，各(得)「不退轉」。	我「般涅槃」後，其有眾生，以「眾寶物」供養「舍利」，乃至「一稱南無佛」，「一禮、一旋、一合掌業、一花供養」者，令彼一切(眾生)隨於「三乘」得「不退轉」。
第 317 若以伎樂供養我身舍利則於三乘得不退轉願		
第 318 若禮拜我身舍利則於三乘得不退轉願		
第 319 若右繞一匝我身舍利則於三乘得不退轉願		
第 320 若合掌稱歎我身舍利則於三乘得不退轉願		
第 321 若以一莖散華供養我身舍利則於		

三乘得不退轉願		
第322 我般涅槃後能堅持受持一戒者則於三乘得不退轉願	(實藏)世尊！(實海)我「般涅槃」後，若有眾生，於我法中，乃至「一戒」，如我所說，能「堅持」之，乃至讀誦「一、四句偈」，為他人說。令彼聽者，心生「歡喜」，供養法師，乃至「一華、一禮」，以是因緣，隨其「志願」，(令眾生)於「三乘」中，各「不退轉」。	(實海)我「般涅槃」後，其有眾生，於我「法」中，能受「一戒」，如說奉持，乃至讚誦「一、四句偈」，為他人說。其有聞者，能發好心，「供養」法師，能以「一花」，或設「一禮」，令彼一切(眾生)隨於「三乘」(皆)得「不退轉」。
第323 我般涅槃後能讀誦我法一四句者則於三乘得不退轉願		
第324 我般涅槃後能供養說法者則於三乘得不退轉願		
第325 我般涅槃後能以一華供養說法者則於三乘得不退轉願		
第326 我般涅槃後能以一禮供養說法者則於三乘得不退轉願		
第327 我般涅槃後我身舍利將盡入地表「金剛際」願	乃至「法炬」滅、「法幢*」倒。(待)「正法」滅已，(實海)我之「舍利」，尋沒於「地」，至「金剛際」(kāñcana-	乃至「正法」盡，「法燈」永滅，「法幡*」倒已。(再)令我(之)「舍利」，乃至入「地金輪」(kāñcana-maṇḍala 金性地

	maṇḍala 金性地輪；地輪；金剛輪；以金剛鋪成之地表。 金輪之最下端稱爲金輪際）。	輪；地輪；金剛輪；以金剛鋪成之地表。 金輪之最下端稱爲金輪際）上住。
第328 願我般涅槃後我身舍利將變爲「意相琉璃寶珠」願	爾時娑婆世界，(若)空無「珍寶」，(則寶海)我之「舍利」，(將)變為「意相琉璃寶珠」。	隨其「幾時」(曾幾何時，此喻時機時間)，(若)娑訶世界，窮乏「珍寶」，(則)令(我之舍利)成「琉璃珠」，現如「火色」，名曰「勝意」。
第329 我身舍利所變的「意相琉璃寶珠」光明從金剛際到色究竟天願	(此由舍利變出的「意相琉璃寶珠」)其(光)明(炎)焰(熾)盛，從「金剛際」出於世間，上至「阿迦尼吒天」(Akaniṣṭha-deva 色究竟天)。	令(此由舍利變出的「勝意琉璃珠」)從彼(金剛際之)上，乃至「阿迦尼吒」(Akaniṣṭha-deva 色究竟天)際住。
第330 我身舍利所變的「意相琉璃寶珠」將雨種種華願	(接著會)雨種種華： 曼陀羅華(māndārava 天妙花；悅意華；赤華)、 摩訶曼陀羅華(mahā-māndārava 大赤華)、 波利質多華(pārijātaka圓生樹；晝度樹；香遍樹；天樹王。 根莖枝葉花果皆有香氣，能遍熏忉利天宮)、 曼殊沙華(mañjūṣaka 白華)、 摩訶曼殊沙華(mahā-mañjūṣaka 大白華)	(接著會)雨種種花： 曼陀羅花(māndārava 天妙花；悅意華；赤華)、 摩訶曼陀羅花(mahā-māndārava 大赤華)、 波利質多羅伽花(pārijātaka 圓生樹；香遍樹)、 曼殊沙花(mañjūṣaka 白華)、 摩訶曼殊沙花(mahā-mañjūṣaka 大白華)、 蘆遮摩那花、 陀羅花、 摩訶阿陀羅花、 無垢輪花、 百葉花、

		千葉花、百千葉花、普光花、普香花、善樂花、薩哆花、蘆遮那花、樂限月光花、明月花、無量色花、無量香花、無量光花。
第 331 我身舍利所變的「意相琉璃寶珠」將雨「種種香」願	復有好香，微妙常敷，觀者無厭。 其明(炎)焰(熾)盛，不可稱計，微妙之香，無量無邊，純雨如是無量諸華。	令雨如是等「大花雨」。
第 332 我身舍利所變的「意相琉璃寶珠」將出微妙「佛聲」願	當其雨(花)時，復出種種微妙(之29種)「音聲」： ❶佛聲、 ❷法聲、 ❸比丘僧聲、	令彼諸「花」，出種種(總共29種的)「柔軟聲」，所謂： ❶佛聲、 ❷法聲、 ❸僧聲、
第 333 我身舍利所變的「意相琉璃寶珠」將出微妙「法聲」願	❹三歸依聲、 ❺優婆塞戒聲、 ❻成就「八戒」聲、 ❼出家「十戒」聲、	❹三歸依聲、 ❺優婆塞戒聲、 ❻聖「八分戒」聲、 ❼出家「十戒」聲、
第 334 我身舍利所變的	❽布施聲、	❽施聲、

「意相琉璃寶珠」將出微妙「僧聲」願	❾持戒聲、 ❿清淨梵行，具「大戒」聲、 ⓫「佐助眾事」聲、	❾戒聲、 ❿具足「梵行」聲、 ⓫「勸化」聲、
第 335 我身舍利所變的「意相琉璃寶珠」將出微妙「三歸依聲」願	⓬讀經聲、 ⓭禪「思惟」聲、 ⓮觀「不淨」聲、 ⓯念「出入息」聲、	⓬誦聲、習聲、 ⓭禪定思惟「九觀」聲、 ⓮「不淨」聲、 ⓯「阿那波那」(ānāpāna 安般；安那般那；出入息念；數息觀) 念聲、
第 336 我身舍利所變的「意相琉璃寶珠」將出微妙「優婆塞戒聲」願	⓰「非想非非想」聲、 ⓱「有想無想」聲、 ⓲「識處」聲、 ⓳「空處」聲、	⓰「非想處」聲、 ⓱「無所有處」聲、 ⓲「無量識處」聲、 ⓳「無量空處」聲、
第 337 我身舍利所變的「意相琉璃寶珠」將出微妙「八戒聲」願	⓴「八勝處」聲、 ㉑「 十 一 切 入 」 (daśakṛtsnāyatanāni 十一切入；十一切處；十遍入；十遍處；十遍處定。觀「色」等十法，各周遍一切處而無任何間隙。十法是「地、水、火、風、青、黃、赤、白、空、識」)聲、	⓴「(八)勝處」聲、 ㉑「一切處」聲、
第 338 我身舍利所變的「意相琉璃寶珠」將出微妙「十戒聲」願		
第 339 我身舍利所變的「意相琉璃寶珠」將出微妙「布施聲」願	㉒「定、慧」聲、 ㉓「空」聲、 ㉔「無相」聲、 ㉕「無作」聲、 ㉖「十二因緣」聲、 ㉗具足「聲聞藏」聲、	㉒「止、觀」聲、 ㉓㉔「空、無相」聲、 ㉖「緣起」聲、 ㉗令出具足「聲聞藏」聲、
第 340		

我身舍利所變的「意相琉璃寶珠」將出微妙「持戒聲」願	㉘學「緣覺」聲、 ㉙具足大乘「六波羅蜜」聲。	㉘令出具足「辟支佛乘藏」聲、 ㉙具說大乘「六波羅蜜」。
第 341 我身舍利所變的「意相琉璃寶珠」將出微妙「梵行大戒聲」願		
第 342 我身舍利所變的「意相琉璃寶珠」將出微妙「佐助眾事聲」願		
第 343 我身舍利所變的「意相琉璃寶珠」將出微妙「讀經聲」願		
第 344 我身舍利所變的「意相琉璃寶珠」將出微妙「禪定思惟聲」願		
第 345 我身舍利所變的「意相琉璃寶珠」將出微妙「不淨聲」願		

第 *346* 我身舍利所變的「意相琉璃寶珠」將出微妙「出入息聲」願		
第 *347* 我身舍利所變的「意相琉璃寶珠」將出微妙「非想非非想聲」願		
第 *348* 我身舍利所變的「意相琉璃寶珠」將出微妙「有想無想聲」願		
第 *349* 我身舍利所變的「意相琉璃寶珠」將出微妙「識處聲」願		
第 *350* 我身舍利所變的「意相琉璃寶珠」將出微妙「空處聲」願		
第 *351* 我身舍利所變的「意相琉璃寶珠」將出微妙「八勝處		

聲」願		
第 352 我身舍利所變的 「意相琉璃寶珠」 將出微妙「十一切 入聲」願		
第 353 我身舍利所變的 「意相琉璃寶珠」 將出微妙「定慧止 觀聲」願		
第 354 我身舍利所變的 「意相琉璃寶珠」 將出微妙「空聲」 願		
第 355 我身舍利所變的 「意相琉璃寶珠」 將出微妙「無相 聲」願		
第 356 我身舍利所變的 「意相琉璃寶珠」 將出微妙「無作 聲」願		
第 357 我身舍利所變的 「意相琉璃寶珠」		

將出微妙「十二因緣聲」願		
第358 我身舍利所變的「意相琉璃寶珠」將出微妙「具足聲聞藏聲」願		
第359 我身舍利所變的「意相琉璃寶珠」將出微妙「具足緣覺乘聲」願		
第360 我身舍利所變的「意相琉璃寶珠」將出微妙「具足六度聲」願		
第361 我身舍利所變的29聲,「色界」天人聞後將下來娑婆度眾願	於其華中,出如是等(29種)聲,(所有)「色界」諸天(人),皆悉聞之(其)本昔所作諸「善根本」。(或)各自憶念,(其本昔)所有(造作)「不善」,(即)尋自「悔責」,即便來下娑婆世界,教化世間,無量眾生,悉令(眾生)得住於「十善」中。	(能)令彼諸花,出如是(29種)「聲」,(能)令「色界」諸天(人),聞如是聲,(即)各自識念「先」(往昔)造「善根」,令彼於一切(曾造作過)善法(的)摩訶薩(mahāsattva大菩薩;大有情眾生)不嫌(不要嫌棄娑訶世界),令從彼(天上而)下(來),為娑訶世界「一切人」,說「十善業」,(並)令住其中。
第362 「色界」天人聞舍利所變的29聲後,將下來教化世人修十善願		
第363	(所有)「欲界」諸天(人),亦	(能)令「欲界」諸天(人),亦

我身舍利所變的 29 聲,「欲界」天人聞後,愛結五欲將得息止願	得聞受(此 29 種諸聲),所有「愛結」(結使煩惱)、貪喜、五欲」(等之)諸「心數法」,悉得「寂靜」。	如是聞(此 29 種諸聲),(則)令彼一切「捨受」(會)使「遊戲樂著」(之)心意。
第 364「欲界」天人聞舍利所變的 29 聲後,將下來教化世人修十善願	(欲界諸天其)「本昔」所作「諸善根本」,各自憶念;(亦於其本昔)所有(造作)「不善」,尋自「悔責」,即便來下娑婆世界,教化世間無量眾生,悉令得住於「十善」中。	令彼(欲界諸天)一切各自識念「先」(往昔)作「善根」;令彼從天(上)來下,為娑訶世界「一切人」,說「十善業」,(並)勸令住(於十善業)中。
第 365我身舍利所變的「意相琉璃寶珠」雨諸華後復變成諸珍寶願	(寶藏)世尊!如是諸華,於虛空中,復當化作種種珍寶,「金銀、摩尼、真珠、琉璃、珂貝(白珂貝螺)、璧玉、真寶、偽寶、馬瑙、珊瑚、天冠、寶飾」,如雨而下,一切遍滿娑婆世界。	令彼諸花於虛空中變成雜寶。(寶藏)世尊!所謂:「金、銀、摩尼、真珠、琉璃、車璩、馬瑙」,及「螺、珊瑚、虎珀、玫瑰右旋」,一切娑訶佛土,令雨如是等寶。
第 366我身舍利所變的「意相琉璃寶珠」能令眾生心和悅願	爾時,人民其心「和悅」,無諸「鬥諍、飢餓、疾病、他方怨賊、惡口、諸毒」,一切消滅,皆得寂靜。爾時,世界有如是樂。	除滅娑訶佛土「瞋諍、言訟、飢饉、疾疫」,及他「軍馬、惡風、雜毒」,一切除盡,令「安隱」康健,無諸「鬥諍、言訟、繫閉」,娑訶佛土一切「豐樂」。
第 367我身舍利所變的「意相琉璃寶珠」能除滅眾生鬥諍願		

第 368 我身舍利所變的 「意相琉璃寶珠」 能除滅眾生飢餓 願		
第 369 我身舍利所變的 「意相琉璃寶珠」 能除滅眾生疾病 願		
第 370 我身舍利所變的 「意相琉璃寶珠」 能除滅眾生怨賊 願		
第 371 我身舍利所變的 「意相琉璃寶珠」 能除滅眾生惡口 願		
第 372 我身舍利所變的 「意相琉璃寶珠」 能除滅眾生諸毒 願		
第 373 我身舍利所變的 「意相琉璃寶珠」 能令世界獲得豐		

樂願		
第 *374* 我身舍利所變之諸珍寶若眾生見之則於三乘得不退轉願	若有眾生，見諸「珍寶」(此由舍利變出的「意相琉璃寶珠」)，若「觸」、若「用」，(即能令眾生)於「三乘」中，無有退轉。	其有眾生，「見」寶(此由舍利變出的「勝意琉璃珠」)、「觸」寶，隨作供具者，令彼一切(眾生)於「三乘」法得「不退轉」。
第 *375* 我身舍利所變之諸珍寶若眾生觸之則於三乘得不退轉願		
第 *376* 我身舍利所變之諸珍寶若眾生用之則於三乘得不退轉願		
第 *377* 我身舍利所變之諸珍寶於利益眾生後復還歸於地表「金剛際」願	是諸「珍寶」(此由舍利變出的「意相琉璃寶珠」)，作是(種種)利益(眾生)，作「利益」已，還沒於「地」，至本住處「金剛際」(kāñcana-maṇḍala 金性地輪；地輪；金剛輪；以金剛鋪成之地表。金輪之最下端稱為金輪際)上。	令彼(由舍利變出的「勝意琉璃珠」)逮下，乃至「金輪」(kāñcana-maṇḍala 金性地輪；地輪；金剛輪；以金剛鋪成之地表。金輪之最下端稱為金輪際)上住。
第 *378* 我身舍利將變為「紺琉璃珠」從地而出到色究竟天願	(寶藏)世尊！(當)娑婆世界，(有)「兵劫」起時，(寶海)我身「舍利」，復當化作「紺_{ㄍㄢˋ} 琉璃珠」，從「地」而出，上至「阿迦尼吒天」	(寶藏)世尊！如是「刀兵劫」時，令彼「舍利」，復更變成「紺_{ㄍㄢˋ} 王摩尼」，上至「阿迦尼吒」(Akaniṣṭha-deva 色究竟天)際住。
第 *379*	(Akaniṣṭha-deva 色究竟天)。	

我身舍利所變的「紺琉璃珠」能治刀兵劫願		
第380 我身舍利所變的「紺琉璃珠」能雨種種華願	雨種種華，曼陀羅華（māndārava 天妙花；悅意華；赤華）、摩訶曼陀羅華（mahā-māndārava 大赤華）、波利質多華（pārijātaka 圓生樹；香遍樹）。	降種種花雨，所謂：曼陀羅華（māndārava 天妙花；悅意華；赤華）、摩訶曼陀羅花（mahā-māndārava 大赤華）、波利質多羅花（pārijātaka 圓生樹；香遍樹），乃至無量光花。
第381 我身舍利所變的「紺琉璃珠」復還歸於地表「金剛際」願	乃至（由舍利變出的「紺琉璃寶珠」）還沒於「地」，至本住處（之）「金剛際」，亦復如是。	令彼諸花，出種種「妙聲」，所謂「佛聲」，乃至如前所說。令彼「舍利」，乃至「金輪」上住。
第382 我身舍利所變的「紺琉璃珠」能除滅眾生刀兵劫願	（寶藏）世尊！如（遇）「刀兵劫、飢餓、疾疫」，亦復如是。	如是（若遇）「飢饉劫」時，復令「舍利」，上昇「虛空」，乃至「阿迦尼吒」（Akaniṣṭha-deva 色究竟天）際住，降「大花雨」，乃至如前所說。如是（若遇）「疾疫劫」時，亦如前所說。
第383 我身舍利所變的「紺琉璃珠」能除滅眾生飢餓願		
第384 我身舍利所變的「紺琉璃珠」能除滅眾生疾疫願		
第385 我身舍利能作種種佛事度化眾生	（寶藏）世尊！（我之舍利能）如是（於）大「賢劫」中，（待）我「般涅槃」後，是（我之）諸	如「賢劫」中，（待）我「般涅槃」後，（我之）「舍利」當作「佛事」，（能）勸化（勸教度化）

於三乘得不退轉願	「舍利」，作如是「佛事」，(能)調伏無量無邊眾生，(令眾生)於「三乘」中得「不退轉」。	過數眾生，於「三乘」住「不退轉」。
第386 我身舍利能於五佛世界等大劫中度化眾生於三乘得不退轉願	(我之舍利能)如是當於「五佛」世界，「微塵數」等「大劫」之中，調伏無量無邊眾生，令(眾生)於「三乘」得「不退轉」。	如是(於)「五佛土」微塵數(之)「大劫」中，我(之)「舍利」，(能度)化眾生於「三乘」住「不退」。
第387 無數劫後所有成佛者皆曾由寶海我所勸化而修六度願	(寶藏)世尊！若後滿千「恒沙」等「阿僧祇」劫，於十方無量無邊「阿僧祇」(之)餘世界，(若有)成佛出世者；(此)悉是(寶海)我(往昔)修「阿耨多羅三藐三菩提」時，所教化(並勸諸人)初發「阿耨多羅三藐三菩提」心(者)，(勸諸人皆)安止令住(於)「六波羅蜜」者。	(於)後過千「恒河沙」數「阿僧祇」，於十方無量「阿僧祇」(之)餘世界中，(若有)諸佛世尊於彼出(世)者；(此皆)是我(往昔)為菩薩時，行「阿耨多羅三藐三菩提」行(時)，(已)先所勸化(勸教度化)，(勸諸人)於「阿耨多羅三藐三菩提」令住其中者，亦(皆亦)是我勸以「(六)波羅蜜」得住(其)中者。
第388 我身舍利能令眾生發阿耨菩提心願	(寶藏)世尊！(待)我成「阿耨多羅三藐三菩提」已，所可(所有可以)勸化(勸教度化)令發「阿耨多羅三藐三菩提」心，(勸諸人皆)安止令住(於)「六波羅蜜」。及(待我)「涅槃」後，(我之)「舍利」(將發生神力)變化，所(度)化(的)眾生，(亦能)令(眾生)	亦是我逮「菩提」已，勸化(勸教度化)眾生以「阿耨多羅三藐三菩提」，令住(其)中者。又我「般涅槃」後，眾生以我「舍利」(所發生的)「神變」，(進而)發「阿耨多羅三藐三菩提」心者。

	發「阿耨多羅三藐三菩提」心者。	
第389 無數劫後所有成佛者皆回頭稱讚往昔寶海之五百大願	是諸眾生，過千「恒河沙」等「阿僧祇」劫，於十方無量無邊「阿僧祇」世界，(將)成佛出世，皆當「稱」(歎)「我名字」，而說「讚歎」(稱讚的內容如下)： 過去久遠，有劫名賢，初入劫時，第四世尊(即釋迦牟尼)，名曰某甲，彼佛世尊(即釋迦牟尼)勸化(勸教度化)我等，初發「阿耨多羅三藐三菩提」心。 我等(眾生)爾時，燒滅「善心」，集「不善根」，作「五逆」罪，乃至「邪見」。彼佛(即釋迦牟尼)爾時勸化(勸教度化)我等，令得安住「六波羅蜜」。 因是(我等眾生)即得解了「一切陀羅尼」門，轉「正法輪」，離生死縛，令無量無邊百千眾生，安住「勝果」，復令無量百千眾生，安止(於)「天人」，乃至(得)「解脫果」。 若有眾生，求菩提道，聞讚歎(寶海)我已，各問於(自	彼亦於後過千「恒河沙」數「阿僧祇」時，令彼菩薩於十方無量「阿僧祇」餘(之)世界中，成「阿耨多羅三藐三菩提」已，(將會)稱譽「讚歎」，說「我名號」(稱讚的內容如下)： 過去久遠，爾時有劫名賢，於彼「賢劫」始，第四聖日(即釋迦牟尼)名號如是。彼(即釋迦牟尼)先勸化(勸教度化)我等(眾生)以「阿耨多羅三藐三菩提」。 於「燋枯」意，集「不善根」、造「無間業」，乃至「邪見」(等諸眾生)，(當時釋迦牟尼)令我等得住「六波羅蜜」。 緣(因)是我等(眾生)，令得轉「入一切種智」，行「正法輪」，轉「深妙輪」，令多億「那由他」百千「眾生」(皆能)「生天」，(並)住「解脫果」。 其有眾生，(若)求菩提者，(於)彼如來所，聞稱譽(寶海我，令以如是，問彼如來： 唯！世尊(此指這些眾生所各歸

己所屬之)佛：彼佛世尊(此指實海成佛為釋迦)，見何義利(義理與功效利益)？(能)於「重五濁惡世」之中，成「阿耨多羅三藐三菩提」？

是諸世尊(此指這些眾生所各歸屬之如來)，即便向是「求菩提道」(之)「善男子、善女人」，說(實海)我「往昔」所成(之)「大悲」(心)，(以及)初發「阿耨多羅三藐三菩提」心，(以及)莊嚴世界，及「妙善願」(之種種)本起因緣。

是(諸)人聞已，其心驚愕，歎未曾有。

(是諸眾人)尋發「妙願」，(亦)於諸眾生，生「大悲心」，如(實海)我(而)無異，(是諸眾人並)作是願言：

其有如是「重五濁世」，其中眾生作「五逆」罪，乃至成就諸「不善根」，我(等眾人)當於中，而調伏之。

彼「諸世尊」(此指這些眾生所各歸屬之如來)，以是諸人，(亦能)成就(如是偉大之)大悲(心)，(並)於「五濁世」發(下與實海一樣的)諸(大)善願，(彼

屬之如來)！彼如來(此指實海成佛為釋迦)見何義趣(義理與旨趣)？(能)於彼重「結」(結使煩惱)五濁惡世(而)成「阿耨多羅三藐三菩提」？

令彼「諸如來」(此指這些眾生所各歸屬之如來)，為求「菩提」(之)「善男子、善女人」，說(實海)我是具「大悲」(心)，是「初發心」、佛土(如何)莊嚴、立(下五百大)願(之)本事。

令彼求「菩提」(之)「善男子、善女人」，得未曾有，信樂「大法」。

令彼(等眾人)亦(能)於「一切眾生」，(也學習)發如是「大悲」，(學習)立如是願：

(能)攝度(攝取度化)重「結」(結使煩惱)五濁惡土，(攝度)造「無間業」，乃至(攝度)集「不善根」者。

令彼「諸佛如來」(此指這些眾生所各歸屬之如來)，亦以是「授」彼(諸眾生亦)具(有之)大悲(心)，(且)求「菩提」(之)「善男子、善女人」記。(並)隨(這些)「善男子、善女人」(之)意(願)，(亦能於)重「結」(結使

	諸佛世尊應(隨其「所求」，而與(此諸人等)「授記」。	煩惱)五濁惡世立(下與寶海一樣的大)願。
第390 若寶海我發之五百大願不能成就則今當棄捨菩提心願	(釋迦)佛告寂意菩薩：善男子！爾時，寶海梵志在寶藏佛所，諸天大眾，「人、非人」前，尋得成就「大悲之心」廣大無量。作「五百誓願」已，復白(寶藏)佛言：	善男子！爾時國大師(國王之婆羅門大師)海濟(寶海)婆羅門，住寶藏如來前，(於)「乾闥婆、世人」前，立如是具「大悲」(之)「五百願」，而白(寶藏)佛言：
第391 若寶海我的五百願不成就則今亦不至他方佛土作善根迴向願	(寶藏)世尊！若(寶海)我所願不成，不得己利(獲得諸善法成就爲己利)者，(寶海)我則不於未來「賢劫」、「重五濁惡、互共鬪諍、末世盲癡、無所師諮、無有教誡、墮於諸見、大黑闇中、作五逆惡」，如上(所)說中「成就所願」，(並)作於「佛事」。我今則捨「菩提」之心，亦不願於「他方佛土」，(去)殖諸善根。	(寶藏)世尊！若我如是意(願)不(圓)滿，不(能)於來世「賢劫」、「五濁重結(結使煩惱)、散亂惡世、冥時、盲無導師、無引導師、為見所困、長處冥世、造無間者」，乃至如前(我)所說(之大願)。若我不能具成(具足成就)如是「佛事」如我(之五百)立願者，我當還捨(棄)「菩提願」，(亦)非(至)餘剎中(作種種)善根迴向。
第392 我所修之六度萬行不是只有迴向自己成阿耨菩提願	(寶藏)世尊！(寶海)我今如是「專心」(修於「大悲」，並以所修六度萬行功德諸善根)，不以是「善根」(只爲)成「阿耨多羅三藐三菩提」(而已)。	(寶藏)世尊！(專修「大悲」，並修六度萬行功德諸善根)是(寶海)我(之)所「欲」，我亦不欲此「善根」(只有)迴向「阿耨多羅三藐三菩提」(而已)。
第393 我所修之六度萬行並非爲求辟支佛乘願	亦不願求「辟支佛乘」。亦復不願作「聲聞乘、天王、人王」。	(亦)不求「辟支佛乘」。亦不求「聲聞乘」，亦不求「人天、王位」。

第 *394* 我所修之六度萬行並非爲求聲聞乘願	(亦復不)**貪樂五欲**，(及)生天人中。 (亦復)**不求「乾闥婆、阿修羅、迦樓羅、緊那羅、摩睺羅伽**(mahoraga 大蟒神)**、夜叉、羅刹、諸龍王」等。**	亦不求「五欲」供具，「生天」之樂。 又亦不求「乾闥婆、阿修羅、夜叉、羅刹、龍、迦樓羅」。 亦不求「人中」生。
第 *395* 我所修之六度萬行並非爲求天王願		
第 *396* 我所修之六度萬行並非爲求人王願		
第 *397* 我所修之六度萬行並非爲求五欲願		
第 *398* 我所修之六度萬行並非爲求生天願		
第 *399* 我所修之六度萬行並非爲求乾闥婆願		
第 *400* 我所修之六度萬行並非爲求阿修羅願		
第 *401*		

我所修之六度萬行並非為求迦樓羅願		
第 402 我所修之六度萬行並非為求緊那羅願		
第 403 我所修之六度萬行並非為求阿修羅願		
第 404 我所修之六度萬行並非為求摩睺羅伽願		
第 405 我所修之六度萬行並非為求夜叉願		
第 406 我所修之六度萬行並非為求羅刹願		
第 407 我所修之六度萬行並非為求諸龍王願		
第 408 我所修之六度萬		

行並非為求人中願		
第409 我所修之布施果報只為迴向救度地獄眾生願	(實藏)世尊！若(實海)我(之)「善根」成就，得己利(獲得諸善法成就為「己利」)者，(實海)我之所有「布施、持戒、多聞、思惟」，悉當成就，以是「果報」皆(只)為「地獄」一切眾生。	(實藏)世尊！我所作「施、戒、聞、修」福德，若我如是立願(而)意不(圓)滿者，我以是一切「善根」(皆)迴向「地獄」眾生。
第410 我所修之持戒果報只為迴向救度地獄眾生願		
第411 我所修之多聞果報只為迴向救度地獄眾生願		
第412 我所修之思惟果報只為迴向救度地獄眾生願		
第413 我願迴向救度阿鼻地獄之眾生令轉生人中願	若有眾生墮「阿鼻」地獄，以是(我所修之)善根，當拔濟之，令生「人中」，聞佛說法，即得開解，成「阿羅漢」，速入「涅槃」。	其有眾生，在「阿鼻地獄」，受諸苦切者，以是(我所修之)「善根」令彼得脫，於此佛土，得生為「人」，值「如來」法，令得「羅漢」，而入「涅槃」。
第414 我願迴向救度阿鼻地獄之眾生令生人中得成阿羅漢果願		
第415 我願迴向救度阿		

鼻地獄之眾生令得阿羅漢果而入涅槃願		
第416 令我身碎如微塵又如須彌山而代眾生受重罪苦惱願	是諸眾生，若「業報」未盡，(實海)我當「捨壽」，入「阿鼻獄」，(並)代受苦惱。願令我身數，(粉碎)如「一佛世界」(之)微塵，(我之)一一身(皆)如「須彌山」等，是(我之)一一身(所)覺諸「苦樂」，(皆)如我今(一)身所覺(之)苦樂，(我之)一一身(皆)受如「一佛世界」微塵數等種種「重惡苦惱」之(苦)報。	若彼眾生「業果」不盡，(則)令(實海)我今命終，生「阿鼻」大地獄中，令我(之)「一形」(裂)分為「佛土」微塵數(之)身，(再)令此一一身，大如「須彌山王」，令(我之)一一身(所)覺如是「苦痛」，(皆)如我一身(所)覺(之)苦痛(更)甚；令我一一身(皆)受「佛土微塵數」(之)「地獄」(之)苦切。
第417 十方五逆重罪墮阿鼻獄者願代眾生入阿鼻受諸苦痛願	如今「一佛世界」微塵(數)等，十方諸佛世界(之)所有眾生，(若有)作「五逆」惡，起「不善業」，乃至當墮「阿鼻」地獄(者)，若後過如「一佛世界」微塵等大劫。十方諸佛世界微塵數等所有眾生，(若有)作「五逆」惡，起「不善業」，當墮「阿鼻」地獄者。(實海)我當為是一切眾生，於「阿鼻」地獄(中)「代」受諸苦，令不墮「地獄」，(能)值遇「諸佛」，諮受「妙法」，	又令現在佛土「微塵數」(之)十方餘世界中眾生，(若有)造「無間業」，乃至造作(諸惡)入「阿鼻」業。又復於後，乃至過佛土「微塵數」大劫中，於十方佛土「微塵數」餘佛國中，及此佛土，(若有)眾(生)造「無間」業者，我當為彼一切眾生故，住「阿鼻」獄(代)受彼(之)「罪業」，令彼眾生不墮「地獄」，永與「苦別」，(能)值遇諸佛，得度「生死」，入「涅槃」城。
第418 十方墮阿鼻獄者願代入阿鼻受諸苦痛令彼出離地獄願		
第419 十方墮阿鼻獄者願代入阿鼻受諸苦痛令彼值遇諸		

佛願	出於「生死」，入「涅槃」城。	
第420 十方墮阿鼻獄者願代入阿鼻受諸苦痛令彼咨受妙法願		
第421 十方墮阿鼻獄者願代入阿鼻受諸苦痛令彼出離生死願		
第422 十方墮阿鼻獄者願代入阿鼻受諸苦痛令彼入涅槃城願		
第423 十方重罪墮阿鼻獄者願代眾生入阿鼻受苦並久處阿鼻願	(寶海)我今要當，「代」是眾生，久久常處「阿鼻」地獄。	我當於爾所，「久遠」住(於)「阿鼻獄」，(而)度脫眾生。
第424 十方五逆重罪墮「火炙」獄者願代眾生入「炎熱」地獄受苦願	復次，如「一佛世界」微塵數等，(於)十方世界所有眾生「惡業」成就，當必受果(報)，墮「火炙」地獄(Tapana 炎熱；燒炙；焦熱；炎熱)，如：	乃至如是，於十方佛土「微塵數」餘佛剎中，(若)眾生有造如是「業」，應生「燒炙」地獄(Tapana 炎熱；燒炙；焦熱；炎熱)者，乃至如前所說。如是：
第425 十方五逆重罪墮「所說炙」獄者願	(墮)「阿鼻」地獄(Avīci 無間；無救)、	(墮)「大燒炙」(Pratāpana 大焦熱)、

代眾生入「大焦熱」地獄受苦願	（墮）「所說炙」地獄（Pratāpana 大焦熱；大燒炙）、	（墮）「啼哭」（Raurava 號叫）、
第426 十方五逆重罪墮「盧犜」獄者願代眾生入「叫喚」地獄受苦願	（墮）「摩訶盧犜（犜 （獄的異體字）」地獄（Mahāraurava 大叫喚）、	（墮）「大啼哭」（Mahāraurava 大叫喚；大號叫）、
	（墮）「逼迫」地獄（Saṃghāta 眾合；堆壓）、	（墮）「刀劍」（Saṃghāta 眾合；堆壓）、
第427 十方五逆重罪墮「摩訶盧犜」獄者願代眾生入「大叫喚」地獄受苦願	（墮）「黑繩」地獄（Kālasūtra）、 （墮）「想」地獄（Saṃjīva 等活；想地獄）。	（墮）「黑繩」（Kālasūtra）、 （墮）「還活」（Saṃjīva 等活；想地獄）等種種。
第428 十方五逆重罪墮「逼迫」獄者願代眾生入「眾合」地獄受苦願		
第429 十方五逆重罪墮「黑繩」獄者願代眾生入「黑繩」地獄受苦願		
第430 十方五逆重罪墮「想」獄者願代眾生入「等活」地獄受苦願		
第431 十方眾生因惡業	及（墮）種種「畜生、餓鬼、貧窮、夜叉、拘槃茶、毘	（若墮）畜生中，（亦）作如是說；（若墮）餓鬼中，亦作是

而召**畜生**報者願代眾生受「畜生」業報願	舍遮、阿修羅、迦樓羅」等，皆亦如是。	(如是)說：(若墮)「**夜叉、貧窮**」中，亦作(如)是說；如是(若墮)「**鳩槃茶**(Kumbhāṇḍa)、毘舍遮、阿修羅、伽樓羅」，亦作(如)是說。
第 *432* 十方眾生因惡業而召**餓鬼**報者願代眾生受「餓鬼」業報願		
第 *433* 十方眾生因惡業而召**貧窮**報者願代眾生受「貧窮」業報願		
第 *434* 十方眾生因惡業而召**夜叉**報者願代眾生受「夜叉」業報願		
第 *435* 十方眾生因惡業而召**拘槃茶**報者願代眾生受「鳩槃茶」業報願		
第 *436* 十方眾生因惡業而召**毘舍遮**報者願代眾生受「毘舍遮」業報願		
第 *437*		

十方眾生因惡業而召阿修羅報者願代眾生受「阿修羅」業報願		
第 438 十方眾生因惡業而召迦樓羅報者願代眾生受「迦樓羅」業報願		
第 439 十方眾生因惡業而召聾盲報者願代眾生受「聾盲」業報願	(寶藏)世尊！若有如「一佛世界」微塵數等，十方世界所有眾生，(若其)成就「惡業」，必當「受報」。(或)生於人中「聾盲、瘖瘂、無手、無脚、心亂、失念、食噉不淨」，(寶海)我亦當「代」如是眾生，受於諸罪，如上所說。	於佛土「微塵數」十方餘世界中，(若有)眾生造起如是「業」，應生人中「聾盲、瘖瘂、癃殘、百病、手足不具、心意散亂、應食不淨」(者)，(皆)略如前(之所)說。
第 440 十方眾生因惡業而召瘖瘂報者願代眾生受「瘖瘂」業報願		
第 441 十方眾生因惡業而召感百病者願代眾生受「百病」業報願		
第 442 十方眾生因惡業而召無手報者願代眾生受「無手」業報願		

第 443 十方眾生因惡業而召無腳報者願代眾生受「無腳」業報願		
第 444 十方眾生因惡業而召心亂報者願代眾生受「心亂」業報願		
第 445 十方眾生因惡業而召失念報者願代眾生受「失念」業報願		
第 446 十方眾生因惡業而召食噉不淨報者願代眾生受「食噉不淨」業報願		
第 447 十方墮阿鼻獄者願代受苦惱如眾生生前所受之五陰果報願	復次，若有眾生墮「阿鼻地獄」，受諸苦惱，(寶海)我當久久「代」是眾生，受諸「苦惱」，如「生死」眾生所受「(五)陰、(十八)界、諸(十二)入」。	我當復還生「阿鼻」大地獄中，乃至隨幾所時，眾生於「生死」中(所)受(之)「(五)陰、(十八)界、(十二)入」。
第 448 十方墮阿鼻獄者願代受苦惱如眾生生前所受之十		

八界果報願		
第449 十方墮阿鼻獄者願代受苦惱如眾生生前所受之十二入果報願		
第450 <u>寶海</u>之五百大願必得十方諸佛之證明願	(寶藏)世尊！若我所願成就，逮得己利(獲得諸善法成就為己利)，成「阿耨多羅三藐三菩提」，如上所願者，十方無量無邊「阿僧祇」世界，在在處處「現在諸佛」，(正在)為眾生說法(之諸佛)，悉當為(寶海)我「作證」，(此)亦是諸佛之所「知見」。	我若如是「阿耨多羅三藐三菩提」意不(能圓)滿，設復我如是「阿耨多羅三藐三菩提」意(得以圓)滿者，乃至如前所說，(則)令十方無量「阿僧祇」餘世界中，「現在住世」說法(之)諸佛世尊，(皆同)證我「是事」。
第451 <u>寶海</u>之五百大願必得成就故天龍應生感動而涕泣願	(寶藏)世尊！若我必能成就如是「佛事」，如我願者，(今)令此大眾，及諸「天龍、阿修羅」等，若處地、虛空，唯除如來(之外)，其餘一切(眾生)皆當「涕泣」，悉於(寶海)我前，頭面作禮，(並)讚言：	我能「成辦」如是「佛事」，如我所立(之五百)誓願。爾時一切大眾，「天龍、夜叉、乾闥婆、阿修羅」及諸「世人」，在於「虛空」及「住地」者，唯除如來(之外)，彼一切(眾生)無不「墮淚」，皆以「五體」禮(寶海)婆羅門足，(並)同聲讚言：
第452 <u>寶海</u>之五百大願必得成就故阿修羅應生感動而涕泣願		
第453 <u>寶海</u>之五百大願必得成就故住地		

眾生應生感動而涕泣願		
第454 寶海之五百大願必得成就故虛空眾生應生感動而涕泣願		
第455 寶海之五百大願必得十方諸菩薩說偈讚歎願	爾時，觀世音菩薩(原爲無諍念王之第一王子不眴，將來成佛爲遍出功德光明佛，不眴亦號爲觀世音)說偈讚言： 眾生多所著，(寶海)汝今無所著。於上下諸根，久已得自在。故能隨眾生，根願具足與。未來世當得，陀羅尼智藏……得大勢菩薩說偈讚言……文殊師利菩薩復說偈讚言……虛空印菩薩復說偈讚言……金剛智慧光明菩薩復說偈讚言……虛空日菩薩復說偈讚言……	略說，時觀世音菩薩以偈讚曰：自無所著著眾生，縱根逸馬已調伏；仁於諸根得自在，仁當總持智慧藏……大勢至菩薩以偈讚曰……時曼殊師利菩薩以偈讚曰……時，虛空印菩薩以偈讚曰……斷金剛慧照明菩薩以偈讚曰……虛空照明菩薩以偈讚曰……
第456 以淨心施身內外諸物給外道，而彼外道仍爲修無上道之助伴願	善男子！爾時，(寶海)梵志聞是事已，即禮(寶藏)佛足，便告(亂想可畏)裸形梵志言：善哉！善哉！(亂想可畏)汝真是我(修)「無上道」(之)伴(侶)。	善男子！大悲婆羅門聞彼(壞想邪命)語訖，(便)五體禮寶藏如來足已，(便)語彼壞想邪命言：善哉，善哉！善丈夫！(壞想邪命)汝爲(寶海)我(修)「無上行」(之)
第457		

以淨心施身內外諸物給外道，而彼外道亦無任何罪業願	(亂想可畏)汝於無量無邊百千萬億「阿僧祇」劫，常至(寶海)我所，乞索所須，所謂(求索)「衣服」，乃至(求索)「舌、身」。 (寶海)我於爾時，以「清淨心」，捨諸所有「布施」於(亂想可畏)汝，汝於是時，亦無(任何之)「罪分」。	友。 (壞想邪命)汝乃能為(寶海)我，於無量阿僧祇「那由他」百千眾生處，從乞「衣服」，乃至(求索)「頭、目」故。 我當「歡喜」，「淨心」施與(給你)，令(壞想邪命)汝永無(任何之)「罪分」。
第458 修布施時有乞士對我以「軟語」我皆不起心動念願	善男子！爾時，大悲菩薩摩訶薩復(此即寶藏如來之父親寶海梵志，此寶海即是釋迦佛之前生)作是言：(寶藏)世尊！我於無量無邊百千萬億「阿僧祇」劫，在在生處，為(修)「菩薩」時，有諸「乞士」，在我前住，若求「飲食」、或以「軟語」、或以「惡言」、或「輕毀呰」、或「真實言」。 (寶藏)世尊！我於爾時，乃至不生一念(之)「惡心」，若(我)生「瞋恚」，如彈指頃。	善男子！時彼大悲菩薩摩訶薩，復白寶藏如來言：(寶藏)世尊！若我在所生處，於無量「阿僧祇」億「那由他」百千劫中，行「阿耨多羅三藐三菩提」行時，其有住(於)我前，從我「求食」，或以「軟言」，或以「麤言」，或「輕調言」，或「正直言」，從我求索。 (寶藏)世尊！若我於「求者」(之)所，(於)一念之頃，若(我對彼)生「瞋恚」、不(生)「愛敬心」(的話)。
第459 修布施時有乞士對我以「惡言」我皆不起心動念願		
第460 修布施時有乞士對我以「輕毀呰」我皆不起心動念願		
第461 修布施時有乞士對我以「真實言」我皆不起心動念願		
第462 修布施時若對眾	(則)以(此一念惡心布)施因緣，求將來(之果)報者，我即	(則我所)施求(之)果報，(像)如是(一念惡心)施者，(則)令

生起瞋愛心，即等同欺誑十方諸佛與永不成佛願	(同)「欺誑」十方世界無量無邊「阿僧祇」現在(之)諸佛，(我)於「未來世」，亦當必定不成「阿耨多羅三藐三菩提」。	我永(遠)已不見十方無量「阿僧祇」餘(之)世界中，現在住世(之)說法諸佛，(亦)令我不成「阿耨多羅三藐三菩提」。
第463所修布施時皆令受施者得無虧損願	(寶藏)世尊！我今當以「歡喜」之心，(布)施於「乞者」，願令「受者」(接受我布施的人)，無諸「損益」；於諸「善根」，亦無「留難」(阻留刁難障礙)，乃至(連)「一毫」(都沒有任何的「留難」)。	(寶藏)世尊！我以「淨心」(布)施與「乞士」，若「受施者」(接受我布施的人)，於信施(中)墮(入)「障礙善法」，乃至(發生障礙就算只是)析毛(至)「億分(之)一」者，(則亦)令我永(遠)已不見諸佛。
第464所修布施時若令受施者得一毫毛之障礙則我永不見佛願		
第465所修布施時若令受施者得一毫毛之障礙則我即等同欺誑十方諸佛願	若我令彼「受者」(接受我布施的人)，有一毫(的)「損益」善根「留難」(阻留刁難障礙)者，則(我)為「欺誑」十方世界無量無邊「阿僧祇」等「現在諸佛」。	(寶藏)世尊！「受施」者，乃至(發生如)「毛億分之一」(之)「障善法」者，(則)令我墮「阿鼻地獄」中。
第466於布施衣服時若我不能生歡喜淨心則我必墮阿鼻地獄願	若「誑」諸佛者，則(我)當必墮「阿鼻」地獄，(若我)不能歡喜(布)「施」，與(布施)「衣服、飲食」(等，皆同前所說)。	如(布)施「飲食、衣服」，亦爾。
第467於布施飲食時若我不能生歡喜淨		

心則我必墮阿鼻地獄願		
第468 有乞士對我求索頭目 我若生瞋愛心則必墮阿鼻地獄願	若彼「乞者」，或(對我)以「軟語」、或(對我)「麤惡言」、或(對我)「輕毀呰」、或(對我)「真實言」，(甚至對我)求索如是「頭目、髓腦」。	乃至「乞者」，(甚至)從我求「頭」、或(對我)以「軟語」，或(對我)以「麤語」，或(對我以)「輕弄語」，或(對我)以「正直語」，(甚至)從我索「頭」。
第469 有乞士對我求索髓腦我若生瞋愛心則必墮阿鼻地獄願	(寶藏)世尊！若我是時，心(有)「不歡喜」，乃至生於一念「瞋恚」，(則)以此(布)施(因)緣，求(將來)果報者，則為「欺誑」十方世界無量無邊「現在諸佛」，以是因緣，(甚至我)必定墮於「阿鼻」地獄。	(寶藏)世尊！若我於「求者」(之)所，有一念頃，若生「瞋恚」，不(生)「愛敬心」，(則以此布施「因」而)願求「果」者，(則)令我永(遠)已不見諸佛。(寶藏)世尊！乃至令我(墮)入「阿鼻」地獄。
第470 有眾生對我欲求餘五度者我若生瞋愛心則必墮阿鼻地獄願	如「檀」波羅蜜說，乃至「般若」波羅蜜亦如是。	如我行(之布)施，(至於持)「戒」亦如是，乃至(修智)慧，乃至「捨」，亦如是說。
第471 寶海具大悲心發五百願得大名稱以「六和敬法」滿足眾生願	善男子！爾時，寶藏如來即便讚歎寶海梵志：善哉！善哉！善能安止(於)「大悲心」故，(並)作是「誓願」。 善男子！爾時，一切大眾，諸「天龍、鬼神」，「人」及「非人」，合掌讚言：善哉！善哉！(寶海)善能安	善男子！爾時寶藏如來讚大悲菩薩摩訶薩言：善哉！善哉！(寶海)汝善丈夫！(能)以「大悲意」，立是「妙願」。 善男子！時一切大眾，「天、乾闥婆、阿修羅、世人」，合掌而住，讚言：善哉，善哉！仁善丈夫！

	止「大悲心」故，作是「誓願」，(故)得「大名稱」，「堅固」行於「六和」(與眾生需有六種的「和同愛敬」，身和敬、口和敬、意和敬、戒和敬、見和敬、利和敬)之法，充足利益一切眾生。	(寶海)以「大悲意」，立是「妙願」，善勝「堅固」，(寶海)仁亦以「六和敬」法(與眾生需有六種的「和同愛敬」，身和敬、口和敬、意和敬、戒和敬、見和敬、利和敬)滿足眾生。
第472 若我不能度眾生解脫生死者即等同欺誑十方諸佛與永不成佛願	(若)我成「阿耨多羅三藐三菩提」已，若(我)不(能解)脫(眾生之)「生死」，(若我)不得「授記」(眾生)於「三乘」者，我則「欺誑」十方世界無量無邊「現在諸佛」，(我)必定不成「阿耨多羅三藐三菩提」。	若我逮「菩提」已，從(眾生的)生死(輪迴)中，(若我)不(能解)脫彼眾生，(若我)不(能)授彼(眾生)「聲聞乘、辟支佛乘、大乘」(之)記者，(則)令我永(遠)已不見現在十方(之)「諸佛世尊」，(亦)令我不逮「阿耨多羅三藐三菩提」。
第473 若我不能爲眾生授三乘記者即等同欺誑十方諸佛與永不成佛願		
第474 欲令眾生安住於六度乃至眾生只如一毛端之善根，我亦令彼成就佛道願	善男子！爾時，大悲菩薩摩訶薩(此即寶藏如來之父親寶海梵志，此寶海即是釋迦佛之前生)復作是言：(寶藏)世尊！(寶海)我今所願，行「菩薩道」時，若有眾生(為)我要勸化(勸教度化)，(則)令「安止」住(於)「檀」波羅蜜，乃至(住於)「般若」波羅蜜，乃至勸化(勸教度化眾生)令住(只)如「一毛端」(之一點點的)善根，乃至(令眾生)成「阿耨多羅三藐三菩提」。	善男子！大悲菩薩摩訶薩重白寶藏如來言：(寶藏)世尊！(寶海)我如是立願，乃至隨我幾數時，行「無上菩提」行。(我於)「無上菩提」行所，(將)勸化(勸教度化)眾生，(令安止)於「檀」波羅蜜，(我將)以「善」勸化(勸教度化)眾生，乃至(只如)「毛億分之一」(的)修行(善根)，乃至(令眾生成)菩提(之)際。

第 475 若我不能令眾生安住於三乘而有一人生退轉者，即等同欺誑十方諸佛與永不成佛願	若(我)不(能)安止(眾生)，乃至(令)「一眾生」於「三乘」中，令「退轉」者，則(我即)為「欺誑」十方世界無量無邊「阿僧祇」等「現在諸佛」，(我將來)必定不成「阿耨多羅三藐三菩提」。	(我若)不(能)令彼「眾生」，住「三乘」地(得)「不退轉」，(甚且)乃(至)遺(留)「一人」(不住三乘而退轉)者，(則)令我永(遠)已「不見」十方無量「阿僧祇」世界中現在住世(之)「說法諸佛」，(亦)令我不成「阿耨多羅三藐三菩提」。
第 476 有著袈裟僧但曾犯重戒，此人能一念對三寶生敬心，若不獲三乘受記而生退轉者，即等同欺誑十方諸佛與永不成佛願	(寶藏)世尊！(寶海)我成佛已，若有眾生，(能)入我法中「出家」，著「袈裟」者。或(曾)犯「重戒」，或行「邪見」，若於「三寶」，「輕毀」不信，集諸「重罪」。 (若有)「比丘、比丘尼、優婆塞、優婆夷」，若(有能)於「一念」中，(對釋迦佛我)生「恭敬心」，(生)尊重「世尊」(之想)，或於「法、僧」(亦能生恭敬之心者)。	(寶藏)世尊！(寶海)我得「無上智」已，其有眾生於我法中，著「染袈裟」者。若犯「根(本)罪」，若因「諸見」(而)於「三寶」失(去信心)，犯眾「過罪」。 (若有)「比丘、比丘尼、優婆塞、優婆夷」，(其)有(能)於我所，能(於)「一念頃」(對釋迦佛我)發「師事想」，(並)生恭敬心，若(及)於「法、僧」，(能生)起「恭敬」意者。
第 477 有著袈裟僧但曾行邪見，此人能一念對三寶生敬心，若不獲三乘受記而生退轉者，即等同欺誑十方諸佛與永不成佛願	(寶藏)世尊！如是(這類的)眾生，乃至「一人」，(若)不(能)於「三乘」(獲)得(我的)「授記前」而(發生)「退轉」者，則(我為)為「欺誑」十方世界無量無邊「阿僧祇」等「現在諸佛」，(我將來)必定不成「阿耨多羅三藐三	(寶藏)世尊！(寶海)我若不「授」彼眾生(住)「三乘」(而)不「退轉」記，(乃至)遺(留)「一人」(不住三乘而退轉)者，(則)令我永(遠)已「不見」諸佛世尊，乃至(令我)不成「阿耨多羅三藐三菩提」。
第 478 有著袈裟僧但曾輕毀三寶，此人能一念對三寶生敬		

心，若不獲三乘受記而生退轉者，即等同欺誑十方諸佛與永不成佛願	菩提」。	
第 479 若天龍能於著袈裟僧生恭敬供養尊重讚歎即得不退轉於三乘願	(寶藏)世尊！(寶海)我成佛已，諸「天龍、鬼神」，「人」及「非人」，若能於此「著袈裟」者，(皆生起)「恭敬、供養、尊重、讚歎」。	(寶藏)世尊！(寶海)我逮「菩提」已，令(我法中有)「染服袈裟」(者)，(能)為「天、世人」之所「尊重」，(並生起)恭敬供養。
第 480 若鬼神能於著袈裟僧生恭敬供養尊重讚歎即得不退轉於三乘願	其人若得見此「袈裟」少分，即得「不退」於「三乘」中。	其有眾生，(若)得見(我法中之)「袈裟」者，(亦)令(住)於「三乘」得「不退轉」。
第 481 若人能於著袈裟僧生恭敬供養尊重讚歎即得不退轉於三乘願		
第 482 若非人能於著袈裟僧生恭敬供養尊重讚歎即得不退轉於三乘願		
第 483 若貧窮鬼神能得袈裟乃至四寸之少分，即能獲飲食充足願	若有眾生，為「饑渴」所逼，若「貧窮鬼神、下賤諸人」，乃至「餓鬼」眾生。若(能)得「袈裟」少分，乃至「四寸」，其(諸貧窮鬼神、餓	其有眾生，(為)「飢渴」所逼，乏無「飲食」，若「夜叉」(之)貧窮，若人「貧窮」，若於「餓鬼」，其「餓鬼」眾生。

第 *484* 若下賤眾生能得 袈裟乃至四寸之 少分，即能獲飲食 充足願	（鬼、下賤諸）人即得「飲食」充 足，隨其所願，疾得成就。	（若能）得「染袈裟」，乃至「四 指」，（則能）令彼（貧窮夜叉、貧 窮、餓鬼等）一切「所求飲食」， 隨意充滿。
第 *485* 若餓鬼眾生能得 袈裟乃至四寸之 少分，即能獲飲食 充足願		
第 *486* 若諸眾生處於共 相「違逆反叛」時， 能憶念此袈裟功 德，即獲悲心、柔 軟心、無怨心、寂 滅心、調伏善心願	若有眾生，共相「違反」（違 逆反叛），起「怨賊想」，展轉 「鬥諍」，若諸「天龍、鬼 神、乾闥婆、阿修羅、迦 樓羅、緊那羅、摩睺羅伽 （mahoraga 大蟒神）、拘辦茶 （Kumbhāṇḍa 鳩槃茶）、毘舍 遮」，「人」及「非人」，（於） 共「鬥諍」時，（若能憶）念此 「袈裟」，（彼諸鬥諍大眾）尋（刻 即）生「悲心、柔軟之心、 無怨賊心、寂滅之心、調 伏善心」。	其有眾生，不相「和順」， 多饒、怨嫉，共相「鬥戰」， 若「天」、若「夜叉」、若「羅 剎、龍、阿修羅、迦樓羅、 緊那羅、摩睺羅伽 （mahoraga 大蟒神）、鳩槃茶 （Kumbhāṇḍa）、毘舍遮」，及 餘「世人」，（於）「交陣鬥」 時，能（憶）念（此）「袈裟」者， （則）令彼（陣鬥）「眾生」，（立刻 獲）得「悲心、軟心、無怨 心、淨心、隨用作心」。
第 *487* 若諸眾生處於「怨 賊鬥諍」時，能憶 念此袈裟功德，即 獲悲心、柔軟心、 無怨心、寂滅心、 調伏善心願		
第 *488* 若天龍八部處於 「共相鬥諍」時，能 憶念此袈裟功德， 即獲悲心、柔軟		

心、無怨心、寂滅心、調伏善心願		
第489 若處於「兵甲」眾生能持此袈裟隨身攜帶恭敬供養，即能脫離諸難願	有人若(處)在「兵甲、鬥訟、斷事(決斷事情)」之中，(若能)持此「袈裟」少分，至此(兵甲鬥訟)輩中，為(了)「自護」故，(只需)「供養、恭敬、尊重」(此袈裟)，(則)是諸人等，(便)無(人)能(對你)「侵毀、觸燒、輕弄」，(亦能)常得「勝他」(勝過於他)，(能讓你越)過(及解脫)此「諸難」。	眾生若(處)於「鬥戰」，若於「諍訟」，為(了)「護身」故，(則應)尊重恭敬供養(此)「袈裟」，(並)常持「自隨(自我隨身攜帶)者。(如此則能)令彼眾生所在(之處)常勝(常處殊勝處)、無(人)能(侵)陵(古通「凌」)者，(亦能)從「鬥戰、諍訟」(中獲得)「安隱、解脫」。
第490 若處於「鬥訟」眾生能持此袈裟隨身攜帶恭敬供養，即能脫離諸難願		
第491 若處於「決斷諸事」眾生能持此袈裟隨身攜帶恭敬供養，即能脫離諸難願		
第492 若我袈裟不能成就五種聖功德，即等同欺誑十方諸佛與永不成佛願	(寶藏)世尊！若我(之)「袈裟」，不能成就如是「五事聖功德」者，則(我便)為「欺誑」十方世界無量無邊「阿僧祇」等「現在諸佛」，未來(我)不應成「阿耨多羅三藐三菩提」，(並)作「佛事」也，(我將)沒失「善法」，必定不能破壞「外道」。	(寶藏)世尊！若我(之)「袈裟」不具此「五聖(功)德」者，(則)令我永(遠)已「不見」十方「諸佛世尊」，乃至令我不能具作(諸)「佛事」，(亦)令我(於)「諸法」悉皆「忘失」，(亦)令我不能降伏「異學」(外道)。
第493 若我袈裟不能成就此五種聖功德，即令我退失一切善法願		
第494		

若我娑婆不能成就此五種聖功德，即令我不能破壞外道願		
第495 於無佛國土之五濁惡世，我皆以「麤惡言語」去恐怖眾生勸住三乘願	善男子！(釋迦)我於「恒河沙」等大劫，如「恒河沙」等「無佛國土」(之)「五濁」之世，(我皆)以「麤惡言」(或)「斷命」因緣，(去)恐怖眾生，然後勸令(眾生)安住(於)「善法」及「三乘」中。	(釋迦)我於「恒河沙」數大劫，在「恒河沙」數「五濁」(之)「空(無)佛剎」中，(我皆)以「恐逼、麤言」(去)勸眾「行善」，(然後)隨眾生「意」，令住(於)「三乘」。
第496 於無佛國土之五濁惡世，我皆以「斷命威脅」去恐逼眾生勸住三乘願		
第497 我捨無量「肉山」於眾生亦不生一念悔心，若此願不成，我將常墮阿鼻地獄	善男子！汝今當知，(釋迦佛)我於往昔「萬歲」之中，所捨無量無邊「阿僧祇」身，(於)一壽命中，自以「血肉」，給施如是無量無邊「阿僧祇」眾生，悉令飽足，乃至(我)「一念」不生「悔心」……如是(於)一「恒河沙」等「萬歲」，(我將)「遍滿」於此無垢須彌三千大千世界，作「血肉山」(於)一一天下，(並)於「萬歲」中，自以「血	善男子！觀我於「十千年」(1萬年)中，(能)以一身命，(於)如是無量無邊「阿僧祇」施(捨)，以是(所施的身血肉)皆充滿(於)無量無邊「阿僧祇」眾生，(我)無「一念頃」，而生「悔心」……(釋迦)我即於彼，立如是(大)願：若我得成「阿耨多羅三藐三菩提」，意(願)如是(圓)滿者，如我(將)於此「一天下」中，(以)自「身血肉」，充足一切(施與所有眾

	肉、頭目、耳」等,給施眾生…… (在吃完這些身肉後)然後勸化 (勸教度化)安置住於「三乘」法中。 …… 若(釋迦)我所願不成,不得己利(獲得諸善法成就為「己利」)者,(我)即便「欺誑」十方世界無量無邊「諸佛世尊」(正在)為諸眾生「轉法輪」者,(我)必定不成「阿耨多羅三藐三菩提」,(我將永)住於「生死」(輪迴)…… 若我不能成就「捨身」布施(之大願行門的話),(若我不能)充足諸眾生(飲食)者,(我將)常墮「阿鼻地獄」。	生)…… (在吃完這些身肉後)勸以「三乘」…… 若我是(所)願(心)意(而)「不滿」(不能圓滿)者,(則)令我永已「不見」十方餘世界中「已轉法輪」(之)「現在住世」說法(之)諸佛世尊,我(亦)不成「阿耨多羅三藐三菩提」,使我(永處)於「生死」(輪迴)中…… 若我(將)自身(血肉)「施與」充足一切眾生,如是(之大)願「不滿」(不能圓滿)者,使我常處「阿鼻地獄」。
第498 待我成佛願作大龍王示現種種無量珍寶藏布施於眾生願	(釋迦我)以「願力」故,生於彼(盧婆羅世界)中,(我亦)作「轉輪聖王」,主「四天下」,號虛空淨,教諸眾生,安住「十善」及「三乘」中…… (虛空淨王)我於爾時,(即)作大誓願:若我未來,於「五濁」中、(於)厚重煩惱(中),(於)人壽「百歲」(中),必定成「阿耨多羅三藐三菩	(釋迦我)我為度眾生,故於其中(轉)生,(並)為「四天下」(之)「轉輪聖王」,名曰虛空…… (虛空王)我即立願:若我於彼「五濁惡世」、(於)結使(煩惱)極重(之)「百歲」人中,得成「阿耨多羅三藐三菩提」。(若)是(我的)「意滿」(意願圓滿)者,(則)令我於此佛土,得為「龍王」,名現伏

	提」。（若我）所願成就，得己利（獲得諸善法成就爲己利）者，（我願）作「大龍王」，（並）示現種種「珍寶」之藏。 （盧空淨王我）於此選擇諸惡世界，（於）在在處處（之）「四天下」中，於一一天下，（我與）「七返」受身（重受新身轉世），（並於）一一身中，示現無量百千萬億「那由他」等「珍寶」之藏。 （所有）一一寶藏，縱廣正等，（有）一千「由旬」，各各充滿種種「珍寶」，如上所說，（供）給（布）施眾生。	藏」。 （盧空王我將）於除穢佛土（之）一切方中，各「七返」受龍身」，（並）於一一身，（皆能）示現億「那由他」百千「伏藏」，滿中眾寶，（例如）「金、銀」乃至「玉紺砮、大紺砮、明月、水精」，持用施與（廣大眾生）。 （所有）一一「伏藏」，縱廣（有）千「由旬」，如是眾寶，充滿其中，（我皆）開發（布）施與一切眾生。
第499 於無佛國土之五濁惡世，我將化作「夜叉形」以「恐逼」眾生勸住三乘願	（釋迦）我於是中，作釋提桓因，名善日光明，觀閻浮提，見諸眾生，轉行「惡法」。我時即化為「夜叉」像，其形可畏，下（此）閻浮提，（並）住諸人前…… （惡夜叉）我於爾時，發是願已，（若我）一切（獲）成就，（我將）於珊瑚池世界，化作可畏「夜叉」之像，（去）調伏眾生，令住「十善」，及「三乘」中。 如是遍於十方無量無邊「阿僧祇」等「五濁」惡世，	時（釋迦）我為是「四天下」（之）「釋」（提桓因），名曰等照。我見斯閻浮提眾生，不求「戒行」，（我）見已，即自變形為「惡夜叉」，甚可怖畏，（我便）下此閻浮提，（於）人前住…… 善男子！（惡夜叉）我如是「意願」盡（圓）滿，如此（周）遍（於）珊瑚井世界中，（我皆）以「夜叉」形，（去）調伏世人，（並）置（眾生於）「善法」中。 如是（前往）十方恒河沙數

		(及)「無佛」國土，(皆)作「夜叉」像，調伏眾生，令行「十善」，(並)住「三乘」中。	「五濁」(之)「空(無)佛剎」中，(並)以「夜叉」形，(去)調伏世人，(並)置(眾生於)「善道」行。
第 *500* 十方微塵佛其有「般涅槃」者，往昔皆經由釋迦佛所勸教度化，未來若有成佛者，其往昔亦是受過釋迦佛所勸教度化願		爾時，(釋迦)佛告寂意菩薩摩訶薩言：善男子！如(釋迦)我今者，以「佛眼」見十方世界，如一佛土「微塵」等諸佛世尊(有)「般涅槃」者。 (這些已般涅槃的世尊們)皆悉是(釋迦)我(往)昔所勸化(勸教度化)初發「阿耨多羅三藐三菩提」心，(令彼眾)行「檀」波羅蜜，乃至(修)「般若」波羅蜜者。 (乃至)「未來」之世，亦復如是。(指未來有成佛的世尊，這些人也是往昔受過釋迦佛的勸教度化而成佛的)	善男子！如(釋迦)我以「佛眼」觀見十方佛剎「微塵數」諸佛世尊，(其)已「般涅槃」(者)，彼(等)皆是(釋迦)我(往昔)勸化(勸教度化)「阿耨多羅三藐三菩提」令住中者。 (這些已般涅槃的世尊們)亦是(釋迦)我(最)初勸(修)「檀」波羅蜜，乃至(修)「般若」波羅蜜，令住中者。 乃至「當來」(之世)，亦如是說。(指未來有成佛的世尊，這些人也是往昔受過釋迦佛的勸教度化而成佛的)

五、釋迦佛直接或間接介紹西方彌陀佛淨土經典約有 270 餘部之多

佛陀一生講經說法達三百多會，據日本學者藤田宏達的考察，釋迦佛陀在講經說法中「直接」或「間接」提到有關「阿彌陀佛」與「西方淨土」的經典，或相關「淨土」的註釋書，大約總有 270 餘部之多，這幾乎是佔了所有「大乘經典」總數的 1/3 多啊！

《淨土指歸集・卷二》

釋迦如來，住世說法，「三百」餘會。諸經皆以「結歸淨土」，蓋為眾生「貪戀世間」，以苦為樂，自甘「沉湎」，不求「出離」。是故世尊於此(淨土)法門，諄諄垂誨不已。

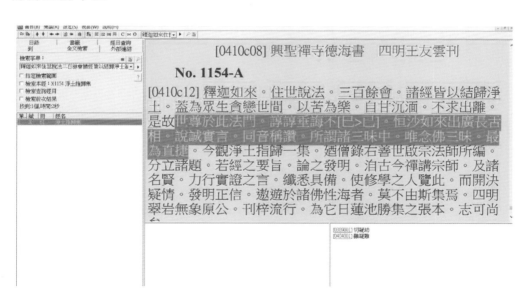

釋迦佛自己發了五百大願，願留在「五濁惡世」中成佛，但釋迦佛一生所講的「法教經義」，有 1/3 以上都叫人應求生「淨土」，斷「生死」輪迴，然

後再「發願」到十方廣度眾生。

如果真要學習釋迦佛「大悲心」的人，也可以發願選擇在「五濁」中成佛，但不可「廣宣」，也不可叫大家都在「五濁」中成佛。因為連釋迦佛「自己」都沒有這麼做的，因為從釋迦佛所講的經典內容來說就是一種強力的證據。

如果到處「廣宣」叫大家「留」下來在「五濁」中成佛，這種觀點就是完全違背「經教」的一種「邪說」了。

《大方廣佛華嚴經》卷 18〈明法品 18〉
佛子！菩薩住十種法，令諸大願皆得圓滿。何等為十？
一者、心無疲厭。
二者、具大莊嚴。
三者、念諸菩薩殊勝願力。
四者、聞諸「佛土」，悉願「往生」。
五者、深心長久，盡未來劫。
六者、願悉成就一切眾生。
七者、住一切劫，不以為勞。
八者、受一切苦，不生厭離。
九者、於一切樂，心無貪著。
十者、常勤守護無上法門。

《大方廣佛華嚴經》卷 10〈明法品 14〉
佛子！菩薩摩訶薩修行十法，悉能滿足一切諸願，何等為十？
一者、生大莊嚴，心無憂感。
二者、轉向勝願念諸菩薩。
三者、所聞十方嚴淨「佛剎」，悉願「往生」。
四者、究竟未來際。
五者、究竟成就一切眾生、滿足大願。

六者、住一切劫，不覺其久。

七者、於一切苦，不以為苦。

八者、於一切樂，心無染著。

九者、悉善分別「無等等」解脫。

十者、得大涅槃，無有差別。

《菩薩善戒經》卷 8〈生菩提地品 4〉

菩薩爾時住「喜行」時，見無量佛……又復作願：願我常生「諸佛世界」，隨願「往生」，是名「善願」，以得「往生」諸佛世界。

《佛說菩薩內戒經・卷一》

菩薩當知三願，乃為菩薩，何謂三？

一、願我當作佛，我當作佛時，令國中無有三惡道者……

二、願我往生阿彌陀佛前。

三、願我世世與佛相值，佛當授我「䇥」（指「受記」）。

是為三願。

《大乘寶雲經》卷2〈十波羅蜜品 2〉

生生世世值遇親近「真善知識」。何者名為「真善知識」？

所謂「諸佛、菩薩」，如是增長宿世，修集「善業」因緣。

[0248a21]「善男子！菩薩摩訶薩具足十法禪波羅蜜滿足。何等為十？一者、福德佐助，二者、多厭離想，三者、勇猛精進，四者、多聞具足，五者、心不顛倒，六者、如訓相應，七者、如法修行，八者、自性利根，九者、善解心地，十者、善解奢摩他毘婆舍那無止息意。

[0248a26]「善男子！云何菩薩福德佐助？菩薩摩訶薩於大乘法宿植德本，在在處處流轉生死，為善知識之所攝受，隨願受生，若富貴大[3]姓、若居士大家、信樂之家。既意欲得往彼受生，即便造作彼業因緣令得往生，生生世世值遇親近真善知識。何者名為真善知識？所謂諸佛、菩薩。如是增長宿世修集善業因緣，常作是念：『苦哉，世間。痛哉，世間。無安立哉，一切世間久遭重[4]病、癡

《維摩詰所說經》卷3〈見阿閦佛品 12〉

是時(釋迦)佛告舍利弗：有國名妙喜，佛號無動。是維摩詰於「彼國」(東方妙喜佛國淨土)沒(壽終緣滅)，而來(轉)生此(娑婆世界)。

舍利弗言：未曾有也。世尊！是人乃能捨「清淨土」(東方妙喜佛國淨土)，而來樂此「多怒害處」(娑婆世界)。

《維摩詰所說經》是以「心淨國土淨」為重點的經典。但維摩詰菩薩也是從「某一國土」在「捨身」後，「往生」到東方妙喜佛國淨土成佛，然後再「發願」現「在家身」前往此「多怒害處」的娑婆世界地球來度化眾生！

果濱其餘著作一覽表

一、《大佛頂首楞嚴王神咒・分類整理》(國語)。1996 年 8 月。大乘精舍
印經會發行。書籍編號 C-202。

二、《生死關全集》。1998 年。和裕出版社發行。➔ISBN：957-8921-51-
9。

三、《楞嚴經聖賢錄》(上冊)。2007 年 8 月。萬卷樓圖書股份有限公司
發行。➔ISBN：978-957-739-601-3。《楞嚴經聖賢錄》(下冊)。2012
年 8 月。萬卷樓圖書股份有限公司發行。➔ISBN：978-957-739-765-
2。

四、《《楞嚴經》傳譯及其真偽辯證之研究》。2009 年 8 月。萬卷樓圖書
股份有限公司發行。➔ISBN：978-957-739-659-4。

五、《果濱學術論文集(一)》。2010 年 9 月。萬卷樓圖書股份有限公司發
行。➔ISBN：978-957-739-688-4。

六、《淨土聖賢錄・五編(合訂本)》。2011 年 7 月。萬卷樓圖書股份有限
公司發行。➔ISBN：978-957-739-714-0。

七、《穢跡金剛法全集(增訂本)》。2012 年 8 月。萬卷樓圖書股份有限公
司發行。➔ISBN：978-957-739-766-9。

八、《漢譯《法華經》三種譯本比對暨研究(全彩本)》。2013 年 9 月初版。
萬卷樓圖書股份有限公司發行。➔ISBN：978-957-739-816-1。

九、《漢傳佛典「中陰身」之研究》。2014 年 2 月初版。萬卷樓圖書股份
有限公司發行。➔ISBN：978-957-739-851-2。

十、《《華嚴經》與哲學科學會通之研究》。2014 年 2 月初版。萬卷樓圖
書股份有限公司發行。➔ISBN：978-957-739-852-9。

十一、《《楞嚴經》大勢至菩薩「念佛圓通章」釋疑之研究》。2014 年 2 月
初版。萬卷樓圖書股份有限公司發行。
➔ISBN：978-957-739-857-4。

十二、《唐密三大咒・梵語發音羅馬拼音課誦版》(附贈電腦教學 DVD)。
2015 年 3 月。萬卷樓圖書股份有限公司發行。➔ISBN：978-957-
739-925-0。【260 x 135 mm】規格(活頁裝)

十三、《袖珍型《房山石經》版梵音「楞嚴咒」暨《金剛經》課誦》。2015

年 4 月。萬卷樓圖書股份有限公司發行。➔ISBN：978-957-739-934-2。【140 x 100 mm】規格(活頁裝)

十四、《袖珍型《房山石經》版梵音「千句大悲咒」暨「大隨求咒」課誦》。2015 年 4 月。萬卷樓圖書股份有限公司發行。➔ISBN：978-957-739-938-0。【140 x 100 mm】規格(活頁裝)

十五、《《楞嚴經》原文暨白話語譯之研究(全彩版)》(不分售)。2016 年 6 月。萬卷樓圖書股份有限公司發行。➔ISBN：978-986-478-008-2。

十六、《《楞嚴經》圖表暨註解之研究(全彩版)》(不分售)。2016 年 6 月。萬卷樓圖書股份有限公司發行。➔ISBN：978-986-478-009-9。

十七、《《楞嚴經》白話語譯詳解(無經文版)-附:從《楞嚴經》中探討世界相續的科學觀》。2016 年 6 月。萬卷樓圖書股份有限公司發行。➔ISBN：978-986-478-007-5。

十八、《《楞嚴經》五十陰魔原文暨白話語譯之研究-附:《楞嚴經》想陰十魔之研究》。2016 年 6 月。萬卷樓圖書股份有限公司發行。➔ISBN：978-986-478-010-5。

十九、《《持世經》二種譯本比對暨研究(全彩版)》。2016 年 6 月。萬卷樓圖書股份有限公司發行。➔ISBN：978-986-478-006-8。

二十、《袖珍型《佛說無常經》課誦本暨「臨終開示」(全彩版)》。2017 年 8 月。萬卷樓圖書股份有限公司發行。➔ISBN：978-986-478-111-9。【140 x 100 mm】規格(活頁裝)

二十一、《漢譯《維摩詰經》四種譯本比對暨研究(全彩版)》。2018 年 1 月。萬卷樓圖書股份有限公司發行。➔ISBN：978-986-478-129-4。

二十二、《敦博本與宗寶本《六祖壇經》比對暨研究(全彩版)》。2018 年 1 月。萬卷樓圖書股份有限公司發行。➔ISBN：978-986-478-130-0。

二十三、《果濱學術論文集(二)》。2018 年 1 月。萬卷樓圖書股份有限公司發行。➔ISBN：978-986-478-131-7。

二十四、《從佛典中探討超薦亡靈與魂魄之研究》。2018 年 1 月。萬卷樓圖書股份有限公司發行。➔ISBN：978-986-478-132-4。

二十五、《《悲華經》兩種譯本比對暨研究(全彩版)》。2019 年 9 月。
　　　萬卷樓圖書股份有限公司發行。➔ISBN：978-986-478-310-6。
二十六、《《悲華經》釋迦佛五百大願解析(全彩版)》。2019 年 9 月。
　　　萬卷樓圖書股份有限公司發行。➔ISBN：978-986-478-311-3。

✠大乘精舍印經會。地址：台北市漢口街一段 132 號 6 樓。
　電話：(02)23145010、23118580
✠和裕出版社。地址：台南市海佃路二段 636 巷 5 號。電話：(06)2454023
✠萬卷樓圖書股份有限公司。地址：臺北市羅斯福路二段 41 號 6 樓之 3
　電話：(02)23216565‧23952992

果濱佛學專長

一、漢傳佛典生死學。二、梵咒修持學(含《蘇婆呼童子請問經》)。
三、楞伽學。四、維摩學。五、般若學(《金剛經》+《大般若經》＋《文殊師利所說般若波羅蜜經》)。六、十方淨土學。七、佛典兩性哲學。
八、佛典宇宙天文學。九、中觀學(《中論》二十七品+《持世經》)。
十、唯識學(唯識三十頌+《成唯識論》)。十一、楞嚴學。十二、唯識腦科學。
十三、敦博本六祖壇經學。十四、佛典與科學。十五、法華學。
十六、佛典人文思想。十七、《唯識双密學》(《解深密經+密嚴經》)。
十八、佛典數位教材電腦。十九、華嚴經科學。二十、般舟三昧學。
二十一、佛典因果學。二十二、如來藏學(《如來藏經+勝鬘經》)。
二十三、《悲華經》。二十四、《思益梵天所問經》。

國家圖書館出版品預行編目(CIP)資料

《悲華經》釋迦佛五百大願解析(全彩版) ／ 果濱 著.--初版. –
臺北市 : 萬卷樓, 2019.9
面 ； 公分
全彩版
ISBN 978-986-478-311-3 (軟精裝)

1. 本緣部

221.86   108014956

2019 年 9 月初版 軟精裝   定 價 ：新台幣 360 元

《悲華經》釋迦佛五百大願解析(全彩版)   ISBN 978-986-478-311-3

著　者：果濱
發　行　人：陳滿銘
出　版　者：萬卷樓圖書股份有限公司
編輯部地址：106 臺北市羅斯福路二段 41 號 9 樓之 4
電話：02-23216565
傳真：02-23218698
E-mail：wanjuan@seed.net.tw
萬卷樓網路書店：http://www.wanjuan.com.tw
發行所地址：106 臺北市羅斯福路二段 41 號 6 樓之 3
電話：02-23216565
傳真：02-23944113
劃撥帳號：15624015
承印廠商：中茂分色製版印刷事業股份有限公司
新聞局出版事業登記證局版臺業字第 5655 號
（如有缺頁、破損、倒裝，請寄回本公司更換，謝謝）